SANANDO TU SER INTERIOR

I0142589

DISCIPULADO

JOSE Y LIDIA ZAPICO

Nuestra Visión

Alcanzar las naciones llevando la autenticidad de la revelación de la Palabra de Dios, para incrementar la fe y el conocimiento de todos aquellos que lo anhelan fervientemente; esto, por medio de libros y materiales de audio y video.

Manual de Enseñanza Instituo de Capacitación Ministerial JVH

ISBN – 1-59900-123-3

Primera edición 2013

Todos los derechos son reservados.

Esta publicación no puede ser reproducida ni alterada parcial o totalmente, ni archivada en un sistema electrónico o transmitido bajo ninguna forma electrónica, mecánica, fotográfica, grabada o de alguna otra manera sin el permiso previo, por escrito, del autor.

Portada e interior diseñado por: Esteban Zapico

Lecciones 1,3 y 6 escritos por: Tatiana Figueroa

Citas bíblicas tomadas de la Santa Biblia, Revisión 1960

©Sociedades Bíblicas Unidas

Categoría: Crecimiento espiritual

Publicado por: JVH Publications

Impreso en: Estados Unidos

CONTENIDO

¿A QUE VINO JESUCRISTO A LA TIERRA?

16 Vino a Nazaret, donde se había criado; y en el día de reposo entró en la sinagoga, conforme a su costumbre, y se levantó a leer. 17 Y se le dio el libro del profeta Isaías; y habiendo abierto el libro, halló el lugar donde estaba escrito: 18 El Espíritu del Señor está sobre mí, por cuanto me ha ungido para dar buenas nuevas a los pobres; me ha enviado a sanar a los quebrantados de corazón; a pregonar libertad a los cautivos, y vista a los ciegos; a poner en libertad a los oprimidos 19 a predicar el año agradable del Señor. Lucas 4:17-19

Jesús citó este versículo en la sinagoga de Nazaret afirmando que aquí se encontraba la esencia de Su ministerio. En este texto Jesús **describió lo que sería su trabajo en la tierra**.

Jesús fue el regalo de Dios para la humanidad, un regalo de perdón de amor, de liberación...

Isaías 45:13 Yo lo desperté en justicia, y enderezaré todos sus caminos; él edificará mi ciudad, y soltará mis cautivos, no por precio ni por dones, dice Jehová de los ejércitos.

Jesús no solo vino anunciarnos el evangelio de la salvación del Reino, sino que después que lo aceptamos como nuestro Señor y Salvador; recibimos con El, toda una gama de beneficios cuando entramos al Reino de Dios: Sanidad del alma y del cuerpo y la completa libertad con la que Él nos hace verdaderamente libres, para que caminemos en los propósitos divinos para los que fuimos llamados.

Mientras Jesucristo estuvo en la tierra, El vendo y sano personas quebrantadas del corazón, libero cautivos, sano enfermos, resucito muertos, y consoló a los abatidos por medio de la unción del Espíritu Santo.

Jesucristo se manifestó en toda la dimensión de su carácter y su esencia: Señor /ADONAI/, Salvador /JESHUA/, Sanador /RAFA/, Libertador /El que Redime/, el Consolador /Paracleto Divino/. Dios de Gloria, Dios de Gozo, Dios de Justicia.

Tanto en el texto de Isaías 61 como en el de Lucas 4, El Señor nos permite ver que hay diferentes tipos de personas que hoy se encuentran en el mundo, a las que Jesucristo vino a Ministrar y Sanar:

1. **Abatidos y pobres quebrantados de corazón**
2. **cautivos**
3. **presos**
4. **enlutados**
5. **afligidos**
6. **ciegos (en el texto de Lucas)**

No es lo mismo una persona abatida, que una persona cautiva, enlutada o quebrantada. Cada uno de ellos necesita un tipo de tratamiento especial, porque Dios es un Dios personal que trata a cada uno conforme a su necesidad. Hay sanidad y liberación, para todo aquel que necesite ser curado por sus llagas divinas.

1.- JESUCRISTO TRAE BUENAS NOTICIAS

"El Espíritu del Señor está sobre mí, por cuanto me ha ungido para dar buenas nuevas a los pobres..." Lucas 4:18

Jesús vino **arreglar y a devolverle** al hombre lo que este había perdido en el jardín de Edén, por su desobediencia. Él es el postrer Adán que vino a redimirnos del pecado, y a llevarnos de regreso al Padre por medio de su sacrificio en la cruz.

Jesucristo murió en la cruz para hacernos libres de toda atadura y pecado. Él dijo: *"Yo soy el camino, la verdad y la vida y nadie va al Padre sino por mí" Juan 14:6.* En esta Palabra nos estaba diciendo que solo a través de Él, podemos llegar a Dios. Jesucristo es el único nombre dado a los hombres en que podamos ser salvos. Su Sangre derramada en la cruz nos limpia de todo pecado. De igual manera que en la antigüedad se sacrificaba a un cordero para obtener perdón de pecados; así mismo Jesucristo, se ofreció a morir en la cruz por todos nosotros, y poder aplacar así la ira de Dios.

PREDICAR BUENAS NUEVAS ES IGUAL A EVANGELIO

Jesucristo nos dice que Él fue enviado anunciar el evangelio de "las buenas nuevas". Esta palabra en griego es */kēryssō/* y quiere decir: ***proclamar, pregonar y divulgar en público una verdad divina.***

Mateo 11:5 "Los ciegos ven, los cojos andan, los leprosos son limpiados, los sordos oyen, los muertos son resucitados, y a los pobres es anunciado el evangelio"

2.- ¿A Quién Vino a Predicar Jesucristo?

El vino a predicar el evangelio de las buenas noticias a:

1. A los afligidos por las calamidades

2. A los pobres a causa de las circunstancias adversas de la vida

3. Y a los pobres en espíritu (los que se humillen y reconocen que sin Dios no son nada).

Esta palabra nos enseña que todo aquel que en esta hora esta afligido, necesitado, fatigado, oprimido, o sufrido, necesita saber que hay una buena noticia para él. Cuando el Señor dice, que vino a predicar el evangelio del Reino a todos los necesitados quiere decir: "a todo aquel que se encuentra afligido, indefenso, e impotente para lograr en sí mismo un fin".

1.- Jesús Vino a Vendar a los Quebrantados de Corazón

*"El Espíritu del Señor esta sobre mi...me ha enviado a **sanar** a los quebrantados de corazón" Lucas 4:18*

El verbo sanar en griego es /Iaomai/ y significa: *curar, sanar. Esta Palabra vendar es usada en la parábola del buen Samaritano (Jesucristo mismo) que vendo las heridas del herido con aceite y vino. Es importante recalcar que todos los textos de la Biblia que hablan del verbo vendar se refieren a una acción que solo Dios y su ungido Jesucristo hacen y que ahora nosotros podemos recibir como un beneficio al haber aceptado a Cristo en nuestras vidas como nuestro Señor y Salvador.

Salmo 147:3 El sana a los quebrantados de corazón, Y venda sus heridas.

Lucas 10:34 y acercándose, vendó sus heridas, echándoles aceite y vino; y poniéndole en su cabalgadura, lo llevó al mesón, y cuidó de él.

Ezequiel 34:16 Yo buscaré la pérdida, y haré volver al redil la descarriada; vendaré la perniquebrada, y fortaleceré la débil;

¿Quiénes son los Quebrantados de Corazón?

En griego la palabra quebrantado es /Suntribó/ y significa: roto a pedazos.

El corazón es el ser interior del hombre que piensa, siente y actúa; es la esencia del ser humano. El Corazón tiene que ver con la palabra hebrea /leb/ que es usada para describir los sentimientos, la voluntad e incluso el intelecto. Alma, animo, reflexión, memoria, entendimiento, conciencia y espíritu. También tiene un significado parecido en griego que es /Kardia/ y quiere decir lo mismo que en hebreo: pensamientos y sentimientos.

Salmo 34:18 Cercano está Jehová a los quebrantados de corazón; y salvará a los contritos de espíritu.

> **CRISTO FUE ENVIADO A SANAR A LOS QUE TIENEN DAÑADA LA MENTE, LOS SENTIMIENTOS, LA VOLUNTAD, Y EL INTELECTO POR CAUSA DEL PECADO. VEMOS ENTONCES QUE DESPUES DE ANUNCIARNOS Y PREDICARNOS EL MENSAJE DE LA SALVACION, EL SEÑOR MINISTRA Y SANA EL ALMA DE TODO AQUEL QUE SE ENCUENTRA ROTO Y DESHECHO A PEDAZOS EN SU SER INTERIOR POR LA INIQUIDAD Y EL PECADO.**

2.- JESUCRISTO VINO A LIBERTAR A LOS CAUTIVOS

"El Espíritu del Señor esta sobre mí, me ha enviado… a pregonar **libertad** a los cautivos" Lucas 4: 18

> La Palabra libertad es /afesis/ en griego y quiere decir que el pecado ha sido perdonado y que es libre ¡!! Que libertad vino a pregonar el Señor? que llego la liberación, el perdón de los pecados, la remisión del delito y decirle que hay libertad…a quién? A todos los que cautivos por el enemigo.

Juan 8:36 "Así que, si el Hijo os libertare, seréis verdaderamente libres"

Jesucristo vino a libertar a todo aquel que esta cautivo. Hay gente que está literalmente atada, cautiva en lugares espirituales y necesitan salir de ahí y no saben por si mismas como lograrlo.

Isaías 45:13 Yo lo desperté en justicia, y enderezaré todos sus caminos; él edificará mi ciudad, y soltará mis cautivos…

Hay áreas en las que el alma se encuentra cautiva. Ya vimos anteriormente, que alma del ser humano es todo lo que tiene que ver con sus emociones, sentimientos, pensamientos y voluntad. Un alma está fragmentada cuando está dividida por el dolor, las heridas, o traumas muy fuertes en alguna de estas áreas. Puede ser que una persona haya pasado por un impacto muy fuerte, y que cierta parte de su alma (mente, emociones, sentimientos o voluntad) se quedó cautiva y no ha podido ser restaurada, renovada o transformada.

1 de Tesalonicenses 5:23 "Y el mismo Dios de paz os santifique por completo; y todo vuestro ser, espíritu, alma y cuerpo, sea guardado irreprensible para la venida de nuestro Señor Jesucristo.

Esta palabra "completo" de primera de Tesalonicenses en griego es /*holoteles*/ y significa "perfecto en todos sus aspectos". También tiene que ver con que el cuerpo debe estar sin mancha y sin defecto (ya sea el de un sacerdote o de una víctima); Algo completo es lo contrario a dividido; el alma no puede estar ni fragmentada, ni agrietada, ni incompleta, ni imperfecta, ni sucia con manchas.

El Señor nos ve a todos como almas; y en algún área esas almas (a.) Mente b.) Emociones y Sentimientos c.) Voluntad) pueden estar prisioneras, atadas a una maldición generacional, ligadas a un pecado de iniquidad, o aprisionadas por un temor muy fuerte. El alma tiene que estar limpia, santificada, renovada, transformadas, y guardada en todos sus aspectos para que todas las cosas puedan ser hechas nuevas en él. Si todavía está dividida, sucia, o incompleta por el pecado, tiene que ser restaurada.

Salmo 142:7 "Saca mi alma de la cárcel, para que alabe tu nombre".

Cuando hay un dolor muy grande...un trauma muy profundo o un terror muy fuerte, es como si un pedazo de esa alma fuera llevado por el enemigo a un lugar y lo encerrara, y la persona quedara víctima de esa cautividad.

PERO BÍBLICAMENTE, ¿QUÉ ES UN CAUTIVO?

La palabra "Cautivo" en griego es /*aijmalótos*/ y significa: prisionero.

El cautivo es una persona que ha sido capturada por el enemigo y es su prisionero. Alguien al que se le ha quebrado su voluntad. Este prisionero (su alma) esta encadenada, y no puede ser libre por sí misma. Aunque el que esta prisionero (por un pecado, atadura o iniquidad) quiera ser libre, no puede salir por sí mismo. Espiritualmente un alma cautiva, tiene guardianes u hombres fuertes que vigilan la cárcel, bóveda, o mazmorra donde está preso.

El diccionario define cautiverio como la privación de la libertad en manos de un enemigo o una vida en la cárcel.

"Para esto apareció el Hijo de Dios, para deshacer las obras del diablo" 1 Juan 3:8

Jesucristo es nuestro Salvador, Sanador y Libertador, y todo aquel que necesite ser libre en su ser interior de una atadura, dolor, trauma, maldición o pecado de iniquidad, y que aun su alma este cautiva por una herida del alma (dolor, recuerdo del pasado, abuso, rechazo, etc.) ya sabe que Jesucristo no solo vino a salvarlo sino a sanarlo y liberarlo de toda cautividad. Dios quiere que tu alma sea sanada y libre para que puedas dar fruto y camines por el sendero que Dios ha destinado para todo aquel que verdaderamente quiere ser su discípulo y vivir en el sendero que Él ha trazado para nuestras vidas.

SIENDO LIBRE DEL ENOJO DE LA IRA

Cuando una persona acepta a Cristo como el Salvador de su vida, su conducta y personalidad deben pasar por cambios significativos. Uno de esos cambios tiene que ver con el temperamento. Un creyente debe reaccionar de una manera completamente opuesta a la forma como antes lo hacía. No debe perder el control.

En esta lección trataremos con el problema de la ira y del mal genio; cuáles son sus causas y como poder librarse del pecado del enojo.

LOS EFECTOS DESTRUCTIVOS DE LA IRA

El primer hombre que descubrió el poder destructivo de la ira, fue Caín. El y su hermano Abel, fueron los dos primeros hijos de Adán. Cuando estos hijos llegaron a ser adultos, Caín se hizo agricultor y Abel era pastor de ovejas.

A Caín y Abel se les había enseñado la forma correcta de adorar a Dios. Sabían que El exigía la ofrenda de un animal inocente como sacrificio por sus pecados. Pero cuando llegó el tiempo de adorar al Señor, sólo uno de los hermanos obedeció a Dios. Abel trajo un cordero como ofrenda, y Caín trajo el fruto de sus cosechas.

Dios aceptó a Abel y su ofrenda, pero rechazó a Caín y la suya. Como resultado de esto, Caín se enojó mucho. Estaba enojado con Dios y tenía envidia de su propio hermano.

Dios le advirtió a Caín de las consecuencias de su ira. El mensaje de Dios para Caín era éste: *"¡Cuidado! Tu ira es como un león esperando a tu puerta. Debes controlar tu ira o ella te controlará a ti"*. Caín no respondió a la advertencia de Dios. Sus celos hacia su hermano Abel se transformaron en odio.

Un día en que Caín y Abel estaban juntos en el campo, Caín se levantó contra su hermano y lo asesinó. Así, el primer hombre nacido en este mundo se hizo homicida porque no controló su ira y esta le llevo a cometer semejante agravio contra su propia sangre.

CÓMO ENFRENTAR LA IRA

Igual que Caín, el ser humano tiene dentro de sí la ira, como si fuera algo indomable que no pudiera detener. Si la ira no es sujetada, controlara a la persona y su carácter en forma desafiante. Dios no ha dicho que nunca te enojaras; sin embargo El sí ha advertido del peligro de la ira descontrolada.

La Biblia dice:

> **Airaos, pero no pequéis; no se ponga el sol sobre vuestro enojo (Efesios 4:26).**

La ira es una de las más violentas emociones humanas. Debido a que involucra sentimientos tan fuertes, hace que este muy cerca del pecado. La Biblia no dice: *"Sé bueno y no peques"*, o *"Ama, pero no peques"*. Cuando la persona se enoja, está en peligro de pecar. Alguien ha dicho: *"Si vas a enojarte y no pecar, puedes enojarte solamente contra el pecado"*.

Hay tres cosas que puedes hacer con la ira:

1.- Puedes Expresarla

Cuando la ira está fuera de control, hace gran daño. Cuando te enojas tanto que deseas ir contra alguien y herirlo, estas cometiendo un gran pecado. Eso se llama *"perder el control"*. A veces puedes incluso llegar a pensar que demuestras lo fuerte que eres cuando te descontrolas; pero, perder el control es señal de debilidad, no de fuerza.

La Biblia dice:

> **No te apresures en tu espíritu a enojarte; porque el enojo reposa en el seno de los necios (Eclesiastés 7:9).**

2.- Podemos Suprimirla

Suprimir la ira es guardártela dentro de ti. Hay personas que se enojan y expresan su furia abiertamente. Otras tienen los mismos sentimientos de ira, pero logran guardarla para sí mismos.

La ira que se guarda o se mantiene oculta; hiere progresivamente. El enojo reprimido se convertirá tarde o temprano en resentimiento y amargura, llegando a producir depresión y muchos tipos de enfermedades físicas.

3.- Podemos Confesarla

La mejor manera de tratar con los sentimientos de enojo, es hablar con Dios acerca de ellos. Ésta es una buena forma de desahogarse sin pecar. Dios te conoce mejor que tú mismo y siempre será comprensivo contigo.

El sólo estar en la presencia de Dios te ayudara a calmarte y entrar en actitud de reposo y quietud. También podrás ver las cosas desde una perspectiva correcta. Muchas veces te das cuenta que aquello que tanto te molestaba, en realidad no era tan importante como lo habías pensado o creído.

DEBES LUCHAR CONTRA EL PECADO DEL ENOJO

El mal genio es la ira descontrolada y esto siempre es malo. Cuando pierdes el control, sólo queda una cosa por hacer. Debes confesárselo al Señor como pecado y confiar en el poder de la sangre limpiadora de Cristo. Si has ofendido o herido a otras personas debes tener la actitud correcta de pedirles perdón.

No importa cuántas veces pierdas el control, debes arreglar las cosas con los demás cada vez que esto ocurra. Esto te ayudará a ser humilde y a ver el daño que haces con tu mal carácter.

Es mejor no buscar a la otra persona si todavía estás molesto; espera calmarte y luego ve y arregla las cosas. Deja que las aguas vuelvan a su cauce natural.

DEBES DE BUSCAR LA CAUSA DEL ENOJO

Tienes que tener en cuenta, que aunque confieses tu pecado a Dios; cada vez que pierdas el control, seguirás teniendo un problema porque continuaras haciendo la misma cosa, vez tras vez. Es como caer en un ciclo repetitivo: pierdes el control y lo confiesas. Después, pierdes el control de nuevo y lo vuelves a confesar. No importa cuánto te esfuerces, seguirás perdiendo el control.

¿Hay alguna solución y respuesta para este problema? ¡Sí, la hay! Lo primero que debes hacer es descubrir qué es lo que te causa esa pérdida de control.

La Biblia no dice mucho sobre el mal genio o el enojo. La razón es que en ella podemos encontrar la raíz que causa el enojo, y no sólo por el mal genio en sí.

¿Cuál es la raíz del mal genio o el enojo? ¡Es el **YO**! Esto es lo que produce ciertamente el enojo. Cada vez que una mala actitud o el mal genio aparecen o se expresa exteriormente, puedes estar seguro de que hay un "**YO**" enojado por dentro. Puedes esforzarte mucho en controlarlo pero a menos que no te enfrentes con el "**YO**", seguirás enojándote y descontrolándote.

Observa algunas situaciones que producen el mal genio para que puedas ver más claramente que el YO es la causa real de tu mal temperamento y actitudes negativas.

- Alguien te Desprecia

Ser menospreciado o rebajado por los demás, es una de las causas más comunes del enojo. Alguien dice algo desagradable o hiriente acerca de ti, y te enojas inmediatamente por dentro. Tu orgullo ha sido herido y menoscabado. Esto es sólo una de las muchas formas del YO.

- No Puedes Hacer lo que Quieres

Muchas veces existen grados intensos de obstinación y el ser humano decide salirse con la suya. Cuando alguien se te opone y no puede hacer lo que quieres, tal vez te colocas de mal humor, haces mala cara o das rienda suelta a la ira?, ¿Cuál es la causa real de este mal genio? Es el YO.

- Otra Persona Recibe Más Honores que Tú

Te agrada que los demás te respeten y te admiren. Por esta razón te puedes colocar celoso de otras personas cuando tienen éxito o logran hacer cosas diferentes. Los celos se transforman pronto en ira, cuando alguien obtiene el empleo, el ministerio, o el honor que tú deseabas. Nuevamente la causa real de estos sentimientos malos es el YO.

Estas son sólo unas pocas situaciones que producen el mal genio, pero te demuestran que la raíz que causa ese temperamento es el YO. Puede ser que no te des cuenta que la razón principal de todo tu descontento es que te amas a ti mismo y quieres agradarte. Cuidado con esto, mientras sigas haciendo de ti mismo el centro de todo, reaccionaras con ira cuando cualquier persona se te oponga.

En resumen, el mal genio proviene del ser interior. Proviene del YO. Y hasta que no se trate el problema del YO, las ataduras del enojo y la ira no serán resueltas y no habrá un total rompimiento.

Existe una parte de ti mismo que debas aceptar y un **YO** que debes negar por completo. Acéptate como una persona única y especial que Dios ha creado con propósito y diseños. Pero niega ese **YO**, y la vida egoísta y pecadora que es una forma de la carne.

LA RESPUESTA DE DIOS PARA EL "YO"

Porque el YO es tan desagradable a Dios y tan destructivo para ti? Dios hizo algo al respecto.

¿QUÉ ES LO QUE HIZO DIOS RESPECTO AL YO?

Dios trató con el YO colocándote en Cristo en la cruz. Cuando Cristo fue crucificado, tú fuiste crucificado con Él.

¿POR QUÉ DIOS NOS CRUCIFICÓ CON CRISTO?

Nos crucificó con Cristo para que pudiéramos dejar de ser controlados por el YO. La Biblia dice:

> *Sabiendo esto, que nuestro viejo hombre (el YO anterior) fue crucificado juntamente con él, para que el cuerpo del pecado sea destruido, a fin de que no sirvamos más al pecado (Romanos 6:6).*

Dos realidades grandes y verdaderas para cada cristiano son:

(1) Cristo murió por ti, y
(2) tú mueres con Cristo.

Las grandes verdades concernientes a la unión con Cristo en Su muerte, sepultura y resurrección, están totalmente explicadas en lo que Dios te revela por medio de Su Palabra escrita. La comprensión de estas verdades es absolutamente esencial para una vida victoriosa.

Dios quiere que veas que en Cristo, mueres a tu vida pasada. Ya no eres la misma persona que eras antes. Ahora eres *"una nueva criatura" en Cristo*. No tienes que ceder a los pecados pasados. Mueres totalmente a ellos, incluyendo el pecado del mal genio. La Biblia dice:

> *Porque los que hemos muerto al pecado (incluyendo el mal genio), ¿cómo viviremos aún en él? (Romanos 6:2).*

Debes poner en práctica las verdades de Dios. Cuando te das cuenta de que te estas enojando, puedes decir: *"¡Un momento! No me estoy comportando como la persona que realmente soy. Ya no soy la persona que era antes. Mi antiguo y enojado "YO" fue crucificado con Cristo. No tengo que ceder a mi mal genio nunca más. Soy una nueva criatura en Cristo. Cristo vive en mí. Él es mi vida".*

PASOS PRÁCTICOS QUE DEBES DAR PARA SER LIBRE

Es importante entonces entender que la raíz que causa el mal genio es el YO, y haz visto como Dios trata con él. Ahora te animo que des algunos pasos prácticos en tu vida:

1.- DEBES DE RECONOCER TU NECESIDAD

Mucha gente cuando se enoja, simplemente no reconoce su enojo. Dicen: *"¡No estoy enojado!"* Otros aceptan que tienen mal genio, pero no lo ven como un pecado serio.

En realidad el mal genio es uno de los pecados peores. La Biblia coloca la ira descontrolada junto con pecados como la embriaguez, hechicería, adulterio y asesinato. (Te invito a que leas *Gálatas 5:19– 21*). El mal genio simplemente no es aceptable en la vida de un cristiano.

La Biblia dice:

> *Quítense de vosotros toda amargura, enojo, ira, gritería y maledicencia, y toda malicia (Efesios 4:31).*

A menos que no veas la gravedad del mal genio y no te propongas librarte de él, no lo vencerás. Si simplemente te conformas en seguir como hasta hoy, no podrás experimentar la victoria de Dios sobre el pecado de la ira.

2.- DEBES ACEPTAR LA RESPONSABILIDAD POR TU ENOJO

Es muy fácil disculparte echándole la culpa a otra persona por tu mal genio. Inclusive puedes llegar a decir, *"Si fulano no me hubiera hablado en esa forma, no me habría descontrolado así"*. En otras palabras, piensas que el mal genio es un problema externo, causado por algo que viene de afuera.

El hecho es que el mal genio es un problema **interno**. El mal genio proviene de tu ser interior, no de afuera. Los demás pueden decir o hacer cosas que te incomoden pero nadie puede hacer que tú pierdas el control, excepto tú mismo.

3.- DEBES NEGARTE AL YO

Que pierdas o no el control del enojo, nunca se determina por lo que suceda exteriormente. Eso se establece por quien está controlando tu ser interno.

Sólo Cristo tiene el derecho de dirigir tu vida, pero el YO aún intenta gobernarte. Cada cristiano debe elegir si será gobernado por Cristo o por el YO.

El propósito de Dios es que Cristo reine en el trono de tu corazón. Para que Él pueda reinar, el YO debe quedarse en el lugar de muerte en la cruz.

Una cosa es entender la enseñanza de que fuiste crucificado con Cristo. Y otra cosa es el colocar esto en práctica y realmente negarte al YO. Jesús dijo:

Si alguno quiere venir en pos de mí, niéguese a sí mismo, tome su cruz cada día, y sígame (Lucas 9:23).

Para vencer el mal genio, debemos negar al YO. ¿Qué significa negar al YO? Significa escoger la voluntad de Dios en lugar de la tuya. Negar al YO es como decir: *"No insisto en salirme con la mía. Acepto el plan de Dios"*.

El mundo dice: *"Preocúpate por ti mismo"*, pero Jesús dice: *"niégate a ti mismo"*. Nunca podrás controlar el temperamento a menos que te entregues a Dios, renunciando a tu voluntad y escogiendo la de Él.

Con el tiempo verás que el Señor te permitirá pasar por muchas situaciones en las que serás despreciado, maltratado, molestado o presionado. Ésta es la manera en que Dios trata con el "**YO**" y con tu mal genio. El propósito de Dios en todas estas circunstancias es que aprendas a tener paciencia y a negarte a ti mismo, permitiendo que Dios haga lo que Él desea en tu propia vida.

- **Cuando alguien** te hace esperar por mucho tiempo, no tienes que enojarte. Puedes decir: *"Señor, Tú sabes que necesito aprender a tener paciencia. Tú estás en control de mis circunstancias y has permitido esto para enseñarme a ser más paciente"*.

- **Cuando alguien** dice o hace algo que hiere tu orgullo, tampoco debes enojarte. Puedes decir: *"Señor, Tú sabes lo orgulloso que soy. Te doy gracias por tratar conmigo en cuanto a mi orgullo pecaminoso"*.

- **Cuando otros** no hacen lo que tú quieres y no puedes salirte con la tuya, ésta es la oportunidad para morir al YO. Puedes decir: *"Señor, siempre quiero salirme con la mía, pero Tú sabes lo que es mejor para mí. Acepto Tu voluntad"*.

En cualquier situación que el Señor disponga para ti, puedes decir: *"Señor, esto es lo que Tú has dispuesto para mí y es Tu manera de tratar con mi vida egoísta y con mi mal genio. Acepto todo esto de Ti y te doy gracias por ello"*.

LECCIÓN 3
SANANDO EL ABUSO

El Ministerio de Sanidad Interior trata con el problema en lo profundo, va a la raíz, y saca a la luz lo que está oculto. El alma del hombre tiene un complejo funcionamiento, y al ella asociarse incorrectamente y al recibir la carga generacional, podemos decir que queda una huella en ella que hay que quitar por medio de la unción del Espíritu Santo.

La palabra trauma, etimológicamente significa 'herida". Es un golpe emocional que produce un daño persistente en el inconsciente. Esta palabra viene "perforar", que es sinónimo de agujerear una cosa, pasándola de un lugar a otro. Un trauma es algo que dejo una marca, un sello, una grieta en el interior, y que quebranta el ser interior.

LO QUE PUEDE OCASIONAR UN TRAUMA

- La muerte de un ser querido
- Un divorcio
- Un abandono
- Abuso físico, sexual, emocional
- El rechazo
- Un temor o pánico muy profundo

¿QUÉ HACE UN TRAUMA?

Esconder muy profundamente en el inconsciente el dolor o el impacto causado, y enterrarlo para no tener que lidiar con el problema. Al encubrir el dolor, la persona levanta fortalezas que ocultan lo que verdaderamente esta "operando tras el telón". El problema es que eso que esta "tan oculto", va a salir o estallar en cualquier momento.

Salmo 38: 6 *"Me retuerzo atormentado por el dolor; todo el día estoy lleno de profunda tristeza"...*

Las marcas que deja un trauma necesitan ser quitadas y para eso necesitan ser tratadas por medio de la sanidad interior. Hay gente que arrastra problemas de su pasado, y estos le persiguen y obsesionan hasta el punto de no dejarlos tener una vida victoriosa y prospera.

Salmo 31:8-10 *"Ten misericordia de mí, SEÑOR, porque estoy angustiado. Las lágrimas me nublan la vista; mi cuerpo y mi alma se marchitan. ¹⁰ Estoy muriendo de dolor; se me acortan los años por la tristeza"...*

Jesucristo vino a restaurar los corazones quebrantados en lo más profundo del ser interior. Por medio de la unción del Espíritu Santo, el Señor nos muestra cuales son esos problemas ocultos y arraigados en el interior, para que en ese punto del dolor, donde esta esa herida y trauma, Dios intervenga poderosamente trayendo una verdadera sanidad y restauración.

Isaías 57:15: *Porque así dijo el Alto y Sublime, el que habita la eternidad, y cuyo nombre es el Santo: Yo habito en la altura y la santidad, y con el quebrantado y humilde de espíritu, para hacer vivir el espíritu de los humildes, y para vivificar el corazón de los quebrantados.*

1.- ABUSO

El abuso ocurre en todas las civilizaciones y no importa ni la condición social, ni la edad. El abuso puede ser emocional, sexual, y físico. Puede empezar con la agresión verbal, pasando después a los golpes e intimidación constante para aislar a la persona haciéndola sentir culpable de todo lo que está pasando.

El abusador siempre tendrá un rango de autoridad sobre la víctima, y puede usar el dinero, los hijos, las influencias, el descredito moral, o la violencia para mantener cautiva a la persona bajo su yugo. En la Biblia hay varios relatos en los que se muestra lo repugnante que es para el Señor el abuso y la violación sexual y como Dios lo condena. Lo podemos encontrar en 2 Samuel 13, Jueces 19 y Génesis 34.

La Violación de Tamar

2 Samuel 13:1-15: *"Ahora bien, Absalón, hijo de David, tenía una hermana muy hermosa llamada Tamar; y Amnón, su medio hermano, se enamoró perdidamente de ella. ² Amnón se obsesionó tanto con Tamar que se enfermó. Ella era virgen, y Amnón pensó que nunca podría poseerla..."*

Estrategia para la Violación

"⁵ —Bien —dijo Jonadab—, te diré lo que tienes que hacer. Vuelve a la cama y ***finge*** *que estás enfermo. Cuando tu padre venga a verte, pídele que le permita a Tamar venir y prepararte algo de comer... ⁶ Entonces Amnón se acostó y fingió*

estar enfermo. Cuando el rey fue a verlo, Amnón le pidió: «Por favor deja que mi hermana Tamar venga y me prepare mi comida preferida mientras yo observo, así podré comer de sus manos»....

Se Ejecuta el Hecho

"10—Ahora trae la comida a mi dormitorio y dame de comer aquí. Tamar le llevó su comida preferida, 11 pero cuando ella comenzó a darle de comer, la agarró y le insistió: —Ven, mi amada hermana, acuéstate conmigo.12 — ¡No, hermano mío! —imploró ella—. ¡No seas insensato! ¡No me hagas esto! En Israel no se hace semejante perversidad...".

2.- VIOLACIÓN

"14 Pero Amnón no quiso escucharla y, como era más fuerte que ella, la violó. 15 De pronto, el amor de Amnón se transformó en odio, y la llegó a odiar aún más de lo que la había amado"

Esta es una historia de incesto entre hermanos en la que vemos cómo el abuso se planifico. Amnón, preparó una estrategia para abusar sexualmente de su hermana: pidió que le llevara comida, se quedó a solas con ella y la violo en contra de su voluntad.

Después de haber abusado de ella, la echo a la calle haciéndole sentir que ya no tenía ningún valor.

Trauma de Abuso Sexual

- Marca permanente o estigma de abuso sobre su vida
- Sentimientos de vergüenza y culpabilidad
- Humillación profunda. Por eso prefieren mantener el hecho oculto y en silencio.
- Baja autoestima, ansiedad, desconfianza, culpabilidad, rechazo y humillación.
- No pueden disfrutar de la intimidad conyugal, porque solo se ven como un objeto de placer sexual.

Trauma de Abuso Físico

- Intimidación: el abusador usa miradas, malos gestos, gritos y destrucción de los objetos.

- Aislamiento
- Vergüenza
- Amenazas constante. Si es casada, le dice que le va a quitar los niños, la va abandonar y no le va a pasar dinero.

Trauma de Abuso Emocional

- Heridas en su amor propio
- Humillación
- Denigración de su ser interior
- Los abusadores, siempre colocan apodos a sus víctimas y se ríen de ellas
- Angustia y agotamiento mental
- Personas controladas todo el tiempo y altamente manipulables (no pueden trabajar, manejar el dinero, o tomar decisiones propias).

EL GRITO DEL DOLOR DEL ALMA

Salmo 55:1-8 "Escucha, oh Dios, mi oración, Y no te escondas de mi súplica. ² Está atento, y respóndeme; Clamo en mi oración, y me conmuevo, ³ A causa de la voz del enemigo, Por la opresión del impío; Porque sobre mí echaron iniquidad, Y con furor me persiguen. ⁴ Mi corazón está dolorido dentro de mí, Y terrores de muerte sobre mí han caído. ⁵ Temor y temblor vinieron sobre mí, Y terror me ha cubierto. ⁶ Y dije !Quién me diese alas como de paloma! Volaría yo, y descansaría. ⁷ Ciertamente huiría lejos; Moraría en el desierto. Selah ⁸ Me apresuraría a escapar Del viento borrascoso, de la tempestad."

El grito del alma es la manifestación del dolor, la angustia y la ansiedad que el alma sufre en silencio; es el dolor que ha producido el abuso emocional y físico (no sirves para nada, nadie te podrá querer, eres fea); es un dolor oculto bajo los traumas, los complejos, las inseguridades, el dolor o la baja autoestima.

Cuando ha habido mucho dolor que ha permanecido oculto bajo el manto del resentimiento y el enojo; es importante que el alma sea ministrada a través de la unción sanadora de Jesucristo. El grito del alma es un grito silencioso, que no tiene ni siquiera fuerzas para hablar o pedir ayuda. Solo Jesucristo a través de su unción sanadora y restauradora, puede tomar un corazón quebrantado por el dolor y el abatimiento y hacerlo completamente nuevo.

Lucas 4:18: "El Espíritu del Señor está sobre mí,

Por cuanto me ha ungido para dar buenas nuevas a los pobres;
Me ha enviado a sanar a los quebrantados de corazón;
A pregonar libertad a los cautivos,
Y vista a los ciegos;
A poner en libertad a los oprimidos..."

CÓMO SER LIBRE DEL DOLOR Y LOS TRAUMAS QUE DEJARON LOS ABUSOS

- **Reconociendo a Jesús como la fuente de la salvación, sanidad y liberación.** Si no te sientes seguro de tu salvación, ve a la cruz de Cristo en oración, y pide perdón por tus pecados. Reconoce a Jesús como el Único Señor y Salvador de tu vida.
- **Perdonando:** Esta es la llave para la liberación. Si hay algo que pueda mantener una vida encerrada en el dolor y atormentada por los recuerdos del pasado, es la falta de perdón que aviva lo que sucedió y mantiene la vida llena de resentimiento y amargura. (Mateo 18: 32-35).
- **Anhelar recibir sanidad y liberación de parte de Dios:** En el proceso de restauración, la voluntad es requerida. No hay que seguir negando que el problema no existió, o que no le causo ningún daño a su vida. Entre más rápido acepte que hay un área que vive bajo un dolor permanente o quedo bajo la secuela de un trauma y se renuncie a seguir estando bajo ese permanente tormento, más rápido el Espíritu Santo empezara su obra restauradora.
- **Voluntariamente entregue el dolor:** Hay que soltar todo aquello que fue doloroso, y pudo generar ese trauma o dolor, para que Dios lo pueda liberar de ese peso insoportable de cargar.

Mateo 11:28: *"Venid a mí todos los que estáis trabajados y cargados, y yo os haré descansar".*

1 Pedro 5:7:*"echando toda vuestra ansiedad sobre él, porque él tiene cuidado de vosotros".*

- **Renunciar a toda maldición generacional de abuso y violencia.** Las maldiciones generacionales visitan cada generación, trayendo con ella no solo su carga hereditaria e sino las consecuencias de las iniquidades de los ancestros hasta la generación presente. Solo la Sangre de Cristo puede romper una maldición generacional de abuso y violencia en su familia, y ser cortada de una generación a otra. Al romper esta maldición generacional, se quita la marca del abuso que tenía la persona y la Sangre de Cristo y el sello del Espíritu Santo la guardaran como una hija de Dios.

SALIENDO DE LA HERENCIA DEL RECHAZO

EL ALMA CARNAL POR NATURALEZA

Debemos entender que cuando aceptamos al Señor, Él nos proporciona la vida eterna; pero aunque esto es real aún tenemos que seguir batallando en la tierra con un cuerpo terrenal que está compuesto de un alma que siempre se quiere inclinar al mal. Todavía no tenemos el cuerpo glorificado; por lo tanto seguimos cargando con una carne imperfecta.

El ser humano es atacado en dos áreas principalmente, y para ser vencedor debes conocerlas bien. El enemigo tratará de hacerte caer en el área más débil de tu vida; principalmente en tus pensamientos. Tratará de tentarte en tu área vulnerable una y otra vez. La otra área en que serás atacado es en tus propios deseos naturales que son los que siempre se inclinan para el mal. Esta lucha te sobrevendrá y tendrás que luchar contigo mismo para doblegar los deseos pecaminosos, (el yo) que en resumidas cuentas es tu propia naturaleza caída; que en muchas veces será la más difícil de detectar porque es tan tuya como los espíritus familiares que te atacaron desde niño.

ANALICEMOS EL RECHAZO

- ¿Por qué el hombre se siente rechazado?
- No ha sido más bien que él mismo ha rechazado a su creador?
- ¿Por qué el hombre que niega a Dios se siente capaz de hacer las cosas solo?
- ¿Por qué cuando el hombre le da la espalda a Dios se cree superior a todo?

Muchos son los que se sienten rechazados. Esto se debe a dos posibilidades, aunque cada caso es diferente.

1.- Rechazo Generacional

La criatura sufre el rechazo desde el vientre de su madre y se empieza a generar desde la niñez o juventud temprana por diferentes circunstancias de la vida.

La persona que sufre de un espíritu de rechazo siempre actuará a la defensiva y a veces se encerrará en sus propios problemas, impidiendo que los demás puedan ayudarle.

La persona que vive constantemente bajo la influencia del rechazo, no se da cuenta que es ella misma la que repele y evita a quienes quieren acercársele. Este acto es inconsciente y lo usa como un medio de protección para evitar ser herido. El rechazado no puede creer que alguien lo ame por lo que él es, y genera una desconfianza interior hacia todo aquel que se le quiere acercar.

Los que han sido víctimas del rechazo agudo, creen que nadie los entiende y por esta razón les cuesta dejarse abrazar o querer, mientras que a la vez, son atormentados en sus propias mentes, pensando que los demás son los que les causan ese dolor. Ellos creen que no son dignos de alcanzar la aceptación de los demás.

La persona que sufre de este espíritu, se empezara auto rechazar cada vez más y más, porque se preguntara por qué nadie la quiere, o porque ella no puede ser como los demás. Ellos empiezan a pensar, que pasaría si fueran diferentes, o buscan puntos de comparación con los demás, en donde siempre terminaran perdiendo. El problema puede surgir, cuando ellos "quieran tener otra personalidad" para ser aceptado, levantando una personalidad falsa e irreal que no existe.

1.- Rechazo por la Forma en que Fue Concebido

Puede ser que este espíritu entró a la vida de la persona, por haber sido aborrecido o engendrado sin la voluntad de sus procreadores.

Un ejemplo de esto podría ser haber nacido producto de una violación, por no tener el sexo que los padres hubieran deseado, por ser engendrado por una madre soltera o por ser un hijo fuera del matrimonio.

> **Más y más son los rechazados que viven con el vacío del alma sin saber sus verdaderas raíces familiares. Eso produce falta de identidad, vacío emocional, e inestabilidad.**

La Palabra de Dios en el Hombre y la Mujer Produce un Cambio Radical

Cuando una persona tiene problemas de identidad, persistirá en rechazar a Dios y a Su Palabra, comprobándose una vez más que es un corazón que ha sido herido, y que tiene espacios dentro de su alma que no han sido llenados. La falta de identidad de una persona rechazada provoca una crisis interna que abre el camino a la rebelión. Esa acción es peligrosa, porque es ahí donde se produce la dureza en el corazón del hombre.

En el evangelio de *Mateo 5:25* dice: *"Ponte de acuerdo con tu adversario pronto, entre tanto que estás con él en el camino, no sea que el adversario te entregue al juez, y el juez al alguacil, y seas echado en la cárcel".*

Si se cree que Dios es el adversario, ¿por qué las personas huyen de Él? es mejor que cada uno se alinee y se ponga de acuerdo con Dios

CUÁLES SON LAS CARACTERÍSTICAS DE UNA PERSONA RECHAZADA

1.- Amargura

Hebreos 12:14-15 "mirad bien, no sea que alguno deje de alcanzar la gracia de Dios; que brotando alguna raíz de amargura, os estorbe, y por ella muchos sean contaminados"

La amargura es producida por la falta de voluntad para perdonar a otros sus ofensas. La amargura al no perdonar al que lo rechazo, trae sentimientos de odio, cólera, venganza, rabia, violencia, y mucho resentimiento. Esta persona siempre estará luchando con "los malos recuerdos" que mantienen abiertas las heridas del pasado.

2.- Autocompasión

Es una auto aflicción que la lleva hasta el punto de sentirse miserable y no amado por nadie.

3.- Inferioridad

Cuando alguien sufre de rechazo, no puede creer que tenga valor en sí mismo. Se compara con los demás y siempre se siente de menor valor.

3.- Desesperanza

Ellos creen que nadie los amara, y que nunca las cosas podrán cambiar. El problema es que si la desesperanza no se trabaja a tiempo, puede conducir al que lo padece al desaliento, desesperación, melancolía, derrota y depresión.

La defensiva se expresa en críticas y juicios hacían quienes los han herido y juzgado. El problema es que el que solo ve las faltas de los demás, proyecta sus propios problemas en los otros, antes que pueda ser entregado bajo la custodia del "verdugo vengador".

HAY QUE ALINEARSE CON DIOS Y PONERSE DE ACUERDO CON EL LIBERTADOR

No se puede luchar contra Dios. El hombre debe arreglar sus cuentas como lo escribió Isaías. *"Venid luego, dice Jehová, y estemos a cuenta: si vuestros pecados fueren como la grana, como la nieve serán emblanquecidos; si fueren rojos como el carmesí, vendrán a ser como blanca lana". Isaías 1:18.*

Hoy Dios sigue llamando al hombre. ¿Cuál señal uso? La cruz y la resurrección de Jesús el hijo de Dios, ese fue el acto más glorioso lleno de amor para la humanidad. La cruz es la señal del amor de Dios para rescatar a todos aquellos que habían caído bajo maldición. El la abolió en la cruz para salvación de todos.

Cristo nos redimió de la maldición de la ley, hecho por nosotros maldición ("porque está escrito: Maldito todo el que es colgado en un madero"). Gálatas 3:13.

SOLUCIONES PARA EL RECHAZO

- **Perdón:** Hacer del perdón un estilo de vida. No ofenderse por todo.
- **Estar dispuesto aprender** y aceptar que hay que hacer cambios en la vida. Dejar a un lado, malos hábitos y actitudes negativas de comportamiento.
- **Olvido**: las heridas del pasado se deben olvidar. Es importante expulsar espíritus de "heridas recurrentes", porque el enemigo es experto en mantener la memoria de los errores del pasado.
- **Arrepentimiento**
- **Reconciliación:** es la restauración de las relaciones rotas. Es un cambio completo de la enemistad a la amistad.
- **Estabilidad en el amor de Dios**
- **Llenarse de Dios y de su infinito amor**
- **Recibir el consuelo de Dios**

1.- ¿QUÉ ES UNA OFENSA?

La ofensa es una trampa. La palabra ofensa en griego quiere decir /skandalon/ que significa: trampa o carnada.

En Lucas:17:1 Jesús les dice a sus discípulos: *Imposible es que no vengan tropiezos;* .. la palabra tropiezo en el griego se traduce "ofensa"

Cada vez que alguien te ofende o te hiere, te está tendiendo una trampa para amargarte; así perder la bendición.

La cordura del hombre detiene su furor, Y su honra es pasar por alto la ofensa. Proverbio 19:11

La Ofensa trae resentimiento, el resentimiento trae falta de perdón.

Por la falta de perdón, se produce una raíz de amargura, por mantener una Raíz de amargura se ocasiona el rencor que lleva a la muerte espiritual

2.- ¿CUÁLES SON LAS CAUSAS DE LA OFENSA?

Las causas son muchas y queremos ver algunas solamente pata que te puedas identificar con una de ellas.

- Alguien te dejó de saludar o de hablar.
- Alguien no te tomo en cuenta.
- Habló a espaldas tuyas.
- No te trató como pensaste que te debería de tratar.
- Tuvo una mala actitud hacia ti
- Te abusó físicamente o verbalmente.

Cualquiera de estas cosas te han podido afectar, pero a veces son enojos producidos sin causa dentro del mismo corazón, malos entendidos o pensamientos girados que no concuerdan con la verdad que se anidaron en tus pensamientos.

Si no reaccionas a tiempo se forman en la mente fortalezas de pensamientos que se convertirán en "argumentos". Eso hace que la persona se encierre en si misma y se forjen pensamientos como estos:

- Todos los hombres son unos mentirosos
- Yo no puedo confiar mas en nadie
- No cuenten conmigo
- No me sujetaré a nadie.
- ¡Me las pagarán!

> **Vivir ofendido trae ira retenida y enfermedades en el cuerpo. Se ha comprobado que muchas de las enfermedades que se manifiestan en nuestro cuerpo y en nuestras emociones están vinculadas con la falta de perdón.**

3.- ¿CÓMO SALIRSE DE LA OFENSA?

Sanando mi vida perdonando como Cristo perdonó.

- **Conocer el poder del perdón es entrar en libertad.**
- **Perdonar es liberar nuestras vidas del castigo (salir de la cárcel).**
- **Perdonar es desatar al prójimo para que experimente paz espiritual.**

> **Vivir sin conocer el poder sobrenatural del perdón es exponer nuestra vida a una cárcel depresiva.**

Jesús mismo nos lo enseñó con su ejemplo en su propia vida. En la cruz cuando estaba recibiendo las heridas de los clavos en sus manos y pies y lo estaban lastimando; en medio del dolor de la crucifixión, dirigió a su Padre un clamor … ¡perdónalos!… *Padre, perdónalos, porque no saben lo que hacen. Lucas 23:34.* Cuantas veces hemos ofendido a Dios desobedeciendo sus mandatos? Acaso ¿no necesitamos de su perdón constantemente?

> **¿Cuántas veces hemos ofendido a Dios sin saberlo? Para eso el Padre envió a su hijo a morir en una cruz; para que por su sacrificio fuéramos perdonados delante de Él.**

Por eso es importante saber que el nos perdona a través de la sangre de Cristo. Por eso al ser perdonados nosotros, también perdonamos a quienes nos ofenden.

- El que perdona no caerá en la tentación del enemigo. **Mateo 6:12**
- No debe haber límites en tu corazón para perdonar. Si perdonas siempre estarás feliz. **Mateo 18:21.**

¡Perdonar es la clave para salirse de la ofensa que trae opresión al alma!

4.- ¿Qué es el Acto de Perdonar?

Es liberar o dejar ir a una persona que nos ha ofendido. Es el soltar a la persona que nos causó daño, es cancelar una deuda pendiente que alguien tiene con uno; es tomar la decisión de perdonar como un acto de voluntad y no basado en emociones. Jesús dijo: *Así también mi Padre celestial hará con vosotros si no perdonáis de todo corazón cada uno a su hermano sus ofensas.* Mateo 18: 35

El perdón permite liberarse de todo lo soportado para seguir adelante. Ejemplo*: Usted se acuerda del frío del invierno, pero ya no tiembla porque ha llegado la primavera".*

El perdonar no borra el mal hecho, no quita la responsabilidad al ofensor por el daño hecho; ni niega el derecho a hacer justicia a la persona que ha sido herida. Tampoco le quita la responsabilidad al ofensor por el daño hecho. Uno puede perdonar y sin embargo no reconciliarse, como en el caso de una esposa continuamente maltratada por su compañero.

Perdonar no es olvidar, es recordar sin dolor, sin amargura, sin la herida abierta; perdonar es recordar sin andar cargando eso, sin respirar por la herida, entonces te darás cuenta que has perdonado.

Perdonar y pedir perdón, es dejar que actúe el Espíritu en el lugar donde existe nuestro orgullo y nuestro resentimiento. Esforzarse a olvidar lo que paso, negar la ofensa recibida, pretender que el tiempo borre lo ocurrido, ignorar lo que paso y tratar de olvidar. No es una alternativa, sino un mandato del Señor*: Porque si perdonáis a los hombres sus ofensas, os perdonará también a vosotros vuestro Padre celestial* Mateo 6:14. El perdón es fuente de sanidad interior.

5.- Las Consecuencias de no Perdonar

El enemigo de tu alma es especialista en hacer que pase en tu vida experiencias desagradables; especialmente con los que amas y su única intención es provocar raíces profundas de amargura, dentro de tu corazón. Especialmente para lograr que entres en obstinación, te enfermes y caigas en la cárcel del dolor. i no perdonas a quien te ofendió abrirás puertas que te afectaran piensa en esto.

– **El enemigo toma ventaja de tu vida**: *Airaos, pero no pequéis; no se ponga el sol sobre vuestro enojo, ni deis lugar al diablo.* **Efesios 4:26**

– Nuestras oraciones son estorbadas: *Y cuando estéis orando, perdonad, si tenéis algo contra alguno, para que también vuestro Padre que está en los cielos os perdone a vosotros vuestras ofensas.* **Marcos 11:25**

– **Dios no recibe nuestras ofrendas:** *Por tanto, si traes tu ofrenda al altar, y allí te acuerdas de que tu hermano tiene algo contra ti, deja allí tu ofrenda delante del altar, y anda, reconcíliate primero con tu hermano, y entonces ven y presenta tu ofrenda.* **Mateo 5:23**

– **Dios no nos puede perdonar:** Dios puede perdonarte errores pero no la falta de perdón, *Porque si perdonáis a los hombres sus ofensas, os perdonará también a vosotros vuestro Padre celestial.* **Mateo 6:14**

6.- ¡RENUEVA TU MENTE!

La forma como piensas domina todo tu ser y todas las áreas de la vida. El ser humano tiende a hacer lo que su mente le dice que haga.

• **En la mente se construye la maldad y la verdad de Dios.**
• **A medida que nosotros alineemos nuestra mente a los pensamientos de Dios triunfaremos y nunca más seremos los mismos.**

Tu debes tomar la decisión de alinear tu pensamiento a la Palabra de Dios Los falsos modelos del mundo no son los correctos para ti. (Romanos 12:2).

El lenguaje de fe me habla de victoria a pesar de las circunstancias negativas de la vida que me rodean. Romanos 4:17.

En el nombre de Jesús acepto la transformación de mi forma de pensar. Creo lo que dice Dios en su palabra. Creyéndole a Dios sé que cambiaré mi manera de vivir.

LECCIÓN 6
LA FALTA DE PERDÓN ATRAE A LOS VERDUGOS DEL ALMA

Mateo 18:32-35

23 "Por lo cual el reino de los cielos es semejante a un rey que quiso hacer cuentas con sus siervos. 24 Y comenzando a hacer cuentas, le fue presentado uno que le debía diez mil talentos. 25 A éste, como no pudo pagar, ordenó su señor venderle, y a su mujer e hijos, y todo lo que tenía, para que se le pagase la deuda. 26 Entonces aquel siervo, postrado, le suplicaba, diciendo: Señor, ten paciencia conmigo, y yo te lo pagaré todo. 27 El señor de aquel siervo, movido a misericordia, le soltó y le perdonó la deuda. 28 Pero saliendo aquel siervo, halló a uno de sus consiervos, que le debía cien denarios; y asiendo de él, le ahogaba, diciendo: Págame lo que me debes. 29 Entonces su consiervo, postrándose a sus pies, le rogaba diciendo: Ten paciencia conmigo, y yo te lo pagaré todo. 30 Más él no quiso, sino fue y le echó en la cárcel, hasta que pagase la deuda. 31 Viendo sus consiervos lo que pasaba, se entristecieron mucho, y fueron y refirieron a su señor todo lo que había pasado. 32 Entonces, llamándole su señor, le dijo: Siervo malvado, toda aquella deuda te perdoné, porque me rogaste. 33 ¿No debías tú también tener misericordia de tu consiervo, como yo tuve misericordia de ti? 34 Entonces su señor, enojado, le entregó a los verdugos, hasta que pagase todo lo que le debía. 35 Así también mi Padre celestial hará con vosotros si no perdonáis de todo corazón cada uno a su hermano sus ofensas".

En esta parábola, podemos ver como el siervo al que le fue perdonada una gran deuda no quiso perdonar a quien le debía. Jesucristo le relata a sus discípulos esta historia, enseñándoles que en el reino de los cielos, Dios es como el rey justo que perdona la deuda de Su siervo y le extiende Su misericordia. Dios (como el rey de la parábola) espera que esa sea la actitud que cada uno de nosotros hagamos con todos aquellos que nos ofenden.

Jesucristo nos dejó un modelo de oración en la Biblia:

12 Y perdónanos nuestras deudas, como también nosotros perdonamos a nuestros deudores. 13 Y no nos metas en tentación, más líbranos del mal; porque tuyo es el reino, y el poder, y la gloria, por todos los siglos. Amén. 14 Porque si perdonáis a los hombres sus ofensas, os perdonará también a vosotros vuestro Padre celestial; 15 más si no perdonáis a los hombres sus ofensas, tampoco vuestro Padre os perdonará vuestras ofensas. Mateo 6:12-15

También dijo:

Marcos 11:25 "Y cuando estéis orando, perdonad, si tenéis algo contra alguno, para que también vuestro Padre que está en los cielos os perdone a vosotros vuestras ofensas".

El Padre celestial, nos dio ejemplo de amor y perdón, al mandar a su hijo y perdonarnos de toda maldad a través de Su Sangre derramada en la cruz. Por eso espera de cada uno de sus hijos opten el mismo ejemplo que Él nos dio.

¿No debías tú también tener misericordia de tu consiervo, como yo tuve misericordia de ti? V. 33

LA FALTA DE PERDÓN Y LOS VERDUGOS

Cuando una persona está atada por la falta de perdón, hay un derecho legal dado por Dios a los verdugos del alma para que la atormenten.

Si hay algo que puede darle poder a un espíritu atormentador o a un verdugo para afligir a un hijo de Dios y encerrar su alma en una cárcel de cautividad, es la falta de perdón que trae consigo rebelión y desobediencia a la Palabra de Dios.

La palabra verdugo significa en griego */basanistés/;* y significa específicamente: torturador. Viene de la raíz griega */basanizo/* y tiene que ver con alguien que tortura, aflige, atormenta, azota y fatiga en gran extremo a quien tiene bajo su poder. También es un carcelero inquisidor, cuyo trabajo específico es torturar a aquel que está preso.

¿CÓMO PUEDE ATORMENTAR UN VERDUGO A UNA PERSONA?

a.   **En el alma,** encerrándola en una cueva o prisión de cautividad en donde esta no puede salir, porque el hombre fuerte (o verdugo) la tiene atada y atormentada sin poder libre, hasta que no perdone de corazón.

b.   **En su mente,** trayéndole opresión, angustia, y una continua aflicción. Recordemos que la falta de perdón es la semilla de la amargura que es un veneno que contamina el alma. Los pensamientos recurrentes atados al dolor de la herida, y a los recuerdos del pasado, son azotes y dardos persistentes en la mente del que no perdona y que les impiden vivir una vida saludable y placentera.

c.   **En su cuerpo;** guardar falta de perdón y rencor es un verdugo que afecta también el cuerpo. El estudio sobre el perdón de la universidad de Wisconsin (Sarinopoulus, "Forgive and Physical Healt") indico que perdonar puede ayudar a prevenir enfermedades del corazón en edad intermedia. Científicamente se ha comprobado que hay enfermedades fiscas ligadas a la falta de perdón:

1.   Sistema cardiovascular (hipertensión, palpitación, arritmias, mareos).
2.   Problemas gastrointestinales.
3.   Dolores de cabeza.
4.   Enfermedades de la piel.
5.   Dolores e inflamaciones en las coyunturas, huesos, espalda, tendinitis y artritis.
6.   Problemas pulmonares y respiratorios.
7.   Alteración del sistema nervioso.

Todas estas enfermedades se podrían evitar si las personas perdonaran y fueran libres del odio que ha venido como consecuencia de una falta de perdón.

Mateo 4:24 "y se difundió su fama por toda Siria; y le trajeron todos los que tenían dolencias, los afligidos por diversas <u>enfermedades y tormentos,</u> los endemoniados, lunáticos y paralíticos; y los sanó".

La palabra "tormento" usada en este versículo en griego es /*basanos*/ *y significa "la piedra del toque del tormento"* que es usada por el verdugo para atormentar. Como lo hace en este caso? usando la enfermedad, para atacar, afligir y torturar como ya vimos no solo el alma (mente y emociones), sino también el cuerpo.

El verdugo del alma y del cuerpo, es más que un carcelero y tiene un derecho legal otorgado por Dios para torturar; indicando así la severidad del tratamiento que merecía cada caso.

¿QUÉ ES UN DERECHO LEGAL?

Son los derechos que tienen los espíritus de permanecer en la vida de una persona, y no salir de ella, por una puerta espiritual que se les haya abierto en el mundo espiritual. Estas puertas, se abren por el pecado, la iniquidad o la desobediencia.

La falta de perdón, es un derecho legal dado por Dios que tienen en este caso los verdugos para atormentar la vida de una persona que no quiere perdonar.

Mateo 18:34 "entonces su señor, enojado, le entregó a los verdugos, hasta que pagase todo lo que le debía".

Quien entrego al hombre que no quería perdonar, a los verdugos en esta parábola? El rey, quien en este caso, representa a Dios. Cuando no se perdona y se persiste en guardar enojo, resentimiento, rencor, o amargura por una herida que no se ha tratado a tiempo, la persona se expone a ser "entregada" a los verdugos para que estos hagan su trabajo.

La opresión en la vida de una persona comienza porque se le ha concedido a los demonios permisos legales para estar ahí y eso es lo que hay que desactivar y cancelar en el Nombre de Jesús. Como se hace?

1.   Arrepiéntase genuinamente delante de Dios por toda falta de perdón guardada en el corazón. Muchas veces podrá estar muy oculta por el dolor y los traumas que le hicieron daño en algún momento de su vida.

2.   Renuncie a seguir guardando ese rencor u enojo. Suelte la ofensa, y libérese del deseo de venganza.

3.   Rompa en el mundo espiritual con toda ligadura del alma que mantenga su vida atada a la de la persona que no ha podido perdonar. Muchas veces tendrá que ayunar de acuerdo a como se enseña en Isaías 58:4-6.

4.   Suelte el dolor y entrégueselo a Jesucristo, no lo retenga. Él es Su Sanador y el único que puede vendar sus heridas, y traerle una perfecta sanidad. Dios restaurara todo lo que paso, y pondrá un corazón nuevo en su vida.

5.   Rinda su voluntad a Dios, porque el perdón es un acto de voluntad y un mandato de Dios. No es emocional ni sentimental.

6.   Persista en mantener su corazón limpio de toda ofensa, enojo, rabia, falta de perdón, rencor u odio.

7.   Pídele cada día al Espíritu Santo que la ayude a perdonar, y convierta el perdón un estilo de vida.

8.   Bendiga y no maldiga.

Al perdonar de todo corazón se cancelan los derechos legales para que los demonios o verdugos estén ahí atormentando el alma o el cuerpo. Al cerrar la puerta de la falta de perdón, los espíritus de tormento deben ser echados fuera y salir en el Nombre de Jesús.

Repita:

'**El permiso legal que tiene cualquier espíritu atormentador o verdugo sobre mi vida, ahora mismo, es roto y cancelado en el Nombre de Jesús, porque yo decido perdonar de todo corazón a (confiese el nombre (s) de quien usted perdona. Yo lo suelto y lo dejo ir, y toda ligadura que me mantenía atada (o) hacia esta persona ha quedado rota en el Nombre de Jesús.**

Cierro toda puerta espiritual que la falta de perdón haya abierto en mi corazón, y la cubro con la Sangre de Cristo. Declaro que esta puerta nunca más se va a volver abrir, porque con la ayuda del Espíritu Santo, el perdón será de ahora en adelante un estilo de vida para mí. Los derechos legales que tenía el enemigo sobre mi vida, para atormentarme han sido roto y desactivados en el Nombre de Jesús, por la fe que tengo en Jesucristo y en el Poder de Su Sangre bendita y sanadora". Amen

Lo primero que se menciona cuando la primera pareja en el jardín del Edén rompieron su inocencia por causa de la desobediencia, es; que sus ojos fueron abiertos y conocieron que estaba desnudos. (Génesis 3:7)

Cuando se habla de ojos en este texto, se refiere al ojo de la mente o espiritual, es decir la "cualidad mental" **(caracteres naturales adquiridos)** se les amplio, en un antes y después.

También se dieron cuenta que *habían perdido* la cobertura de la gloria de Dios que estaba sobre sus cuerpos y ahora se veían desnudos. Ahora ya no tendrían la capacidad de "ser inocentes" como calidad de vida, tanto en sus pensamientos como en su vista; sino al contrario, su mirada se convirtió en sensual, altanera, una mirada codiciosa, impura, con arrogancia, la forma de ver las cosas cambió por completo. Ahora tenían pensamientos impíos, de repente todo cambio especialmente el pensamiento en su mente, sospechaban uno de los otros, por eso que su hijo mayor se enojo con el menor.

Ahora necesitaban revestirse de nuevo, porque les dio vergüenza verse desnudos, pero ya no podrían tener la brillantez que tenían. Optaron por cubrirse con hojas de arboles. Eso es estar cubierto con lo terrenal y no con lo celestial.

Las obras de la naturaleza caída y terrenal se les había pegado y no podían desprenderse de ellas. Todo cambio en su alma, mente y cuerpo. ¿Quien podría "reemplazarles" (sustituir algo por otra cosa) de nuevo lo perdido?... Por ahora nadie, y la muerte física y espiritual sería su castigo.

Altivez de ojos, y orgullo de corazón, Y pensamiento de impíos, son pecado. Proverbios 21:4

Dios trajo la ley para devolverle al hombre el perdón de pecados.

Dios no se olvida de los descendientes de Set hijo de Adán, por esa causa llama a Moisés para que les dé, los 10 mandamientos para cumplirlos. De esa forma sus pecados serian recubiertos delante de Dios.

Con todo y eso les explica que aquellos que no cumplan con lo establecido no podrán recibir el perdón del "pecado original", solo la obediencia a la ley de

Dios los harían libres de la maldición del pecado.

El Señor promete castigar la soberbia y el orgullo del hombre, por la razón que no quiso obedecer a Dios.

...Y quebrantaré la soberbia de vuestro orgullo... Levítico 26:19

¿QUÉ ES EL ORGULLO?

Palabra orgullo en hebreo antiguo es */gaon/* que significa: exaltación a sí mismo; soberbia; arrogancia; pompa. De la raíz elevación. Elevarse es el acto de querer subir mas arriba que Dios.

El Señor es el Dios Altísimo y aunque un ángel quiso ser mayor que Dios queriendo subir al trono más alto; en el monte de Dios, fué derribado a las profundidades.

Ese espíritu de *"exaltación a sí mismo"* hizo caer en pecado a Eva al engañarla. Es decir la soberbia les abrió los ojos a ambos y entendieron a través del ojo de la mente la maldad. El orgullo es algo con lo que cada persona debe de batallar todos los días. El problema es que si la persona no rinde totalmente su vida a Cristo, el pecado en sí, se convertirá parte de su carácter para terminar oprimie-ndo el alma.

Si no se maneja a tiempo puede ser un factor que afecte al Cristiano, porque:

1- Puede perder la recompensa o galardón de ser más que vencedor
2- Puede caer en engaño y error.
3- Puede perder la oportunidad del arrebatamiento, basándonos en lo que dice la Biblia:...*Y cualquiera que se ensalce, será humillado, y cualquiera que se humille, será ensalzado.* Mateo 23:12

Entonces la humildad es el carácter de Cristo el cual debemos de imitar, además es la contraposición del orgullo, la esencia de la iniquidad.

Porque el SEÑOR es excelso, y atiende al humilde, mas al altivo lo mira de lejos. Salmos 138:6

El orgullo y la soberbia es la matriz del pecado original,

El orgullo se mueve a través de los genes y desde las aguas del vientre, es generacional, por eso es difícil de detectar, porque se mueve como espíritus familiares. Es el pecado original oprimiendo la mente oponiéndose constantemente a la ley del Espíritu de Dios. Además tiene diferentes formas de actuar y de manifestarse.

¿CÓMO LO PERCIBE EL MUNDO?

La humanidad lo ve como una persona que "*evade* las cosas", es **escurridizo, hipócrita,** que no confronta las cosas mas bien la evita. Pero por detrás siempre apuñala a sus amigos, trata de dejarlos mal delante de otros, los critica disimuladamente para simplemente justificarse a si mismo.

En su momento cuando habla de logros, lo hace con una falsa forma de humildad. Cambia de apariencia, corre como un duendecillo perdiéndose en la distancia transformándose en un gran pez que se esconde entre las profundidades del aguas.

La Biblia lo nombra en el libro de Job como la serpiente o dragón marino, adorado en la mitología griega como Neptuno y en la religión afrocubana Yoruba que es la santería, en Brasil, Macumba. Yemanya, es el culto a la "diosa del mar". Como en Venezuela la "Lionza". En Haití es adorada en el vudú como Afrodita. En cada región cambia de nombre pero es el mismo espíritu de las aguas profundas, que resiste a Dios y se cree autosuficiente.

EL REY DE LOS HIJOS DEL ORGULLO

Es de notar, que el profeta Isaías 27:1, describe al Leviatán como la serpiente quebradiza o torcida, que hace cambiar la forma negativa del caminar de las personas que están siendo afectadas por ella. También hace torcer lo santo para lo inmundo, la verdad para mentira, lo cual también es una estrategia misma de Satanás, por cuanto él mismo fue afectado en su corazón de esa misma forma.

Si la persona no reconoce esta opresión que puede afectarle generacional- mente (si no se humilla ante Jesucristo para ser libre), eso se fortalecerá y es ahí donde se verá afectada la vida, convirtiéndose en un recipiente donde se asiente esta fortaleza espiritual en todo su ser y carácter.

El espíritu serpentino marino se alojara en el carácter del individuo y será muy difícil detectar. Se convertirá en una barrera fuertísima que no permitirá que las almas se abran al cambio en Dios eso afectara el destino de la persona. EL ESPIRITU DE ORGULLO necesita a la persona para que lo esté alimentando a través de su propio ego.

1. fingimiento, (amargura por dentro y sonrisa por fuera)
2. arrogancia (no cree necesitar de nadie)
3. Razonamiento por encima de la fe
4. Justificación personal
5. Se cree autosuficiente (no le gusta trabajar en equipo)
6. No se somete a la autoridad

En el momento que reconoces que uno de estos perfiles te puede estar dominando; debes de arrepentirte y buscar en Cristo la victoria.

¡JESUCRISTO EL SEGUNDO ADÁN TE DA LA VICTORIA!

Para restablecer esa autoridad espiritual que el primer hombre perdió era necesario que se levantase otro hombre que tuviera otras cualidades.

JESÚS RECUPERA LA AUTORIDAD PERDIDA DEL HOMBRE

El fue el obsequio de Dios para los hombres. Al venir a la tierra y tomar el lugar del hombre le dio derecho legal de actuar y tomar otra vez la autoridad que el hombre había perdido.

...Porque por cuanto la muerte entró por un hombre, también por un hombre la resurrección de los muertos. Porque así como en Adán todos mueren, también en Cristo todos serán vivificados. 1 Corintios 15: 21-22

"Como el pecado entró en el mundo por un hombre", no se trata de un pecado particular sino el pecado que entró a todo el género humano. Los hombres se convirtieron en pecadores por naturaleza; portadores de rebelión contra Dios y su ley divina. EL pecado transformó su naturaleza interior. *Así es, un solo pecado de Adán trae condenación para todos, pero un solo acto de justicia de Cristo trae una relación correcta con Dios y vida nueva para todos. Por uno solo que desobedeció a Dios,* **muchos pasaron a ser pecadores; pero por uno solo que obedeció a Dios, muchos serán declarados justos.** Romanos 5:18-19 NTV

Pablo el Apóstol nos exhorta a que haya en nosotros el sentir y la actitud que hubo en Cristo. (Filipenses 2:5-8). Jesús no solo se despojó de su "forma" de Dios para hacerse hombre, sino que se rebajó hasta lo mas bajo, que fue morir como un reo en la cruz.

Filipenses 2:5-8; *"Haya, pues, en vosotros este sentir que hubo también en Cristo Jesús, el cual, siendo en forma de Dios, no estimó el ser igual a Dios como cosa a que aferrarse, sino que se despojó a sí mismo, tomando forma de siervo, hecho semejante a los hombres; y estando en la condición de hombre, se humilló a sí mismo, haciéndose obediente hasta la muerte, y muerte de cruz."* Si decidimos humillarnos delante de El, su carácter tomará cuenta de nosotros, y andaremos en vida nueva, libres del espíritu de iniquidad que es el orgullo. *Entonces, así como el pecado reinó sobre todos y los llevó a la muerte, ahora reina en cambio la gracia maravillosa de Dios, la cual nos pone en la relación correcta con él y nos da como resultado la vida eterna por medio de Jesucristo nuestro Señor. V. 21 NTV*

Cree en los beneficios del segundo Adán y recibe la liberación total del pecado original por Jesucristo tu Salvador. Amén

Lección 8
Mejorando la Baja Autoestima

Cuando hablamos de autoestima nos referimos a la **valoración afectiva que hacemos de nosotros mismos**.

Algunas personas pueden considerarse estimadas, inteligentes y con valores para aportar a otros; o por el contrario, pueden sentirse que no son aceptadas por nadie o que no valen lo suficiente para importarle a alguien. Incluso pueden pensar que nadie los querría si realmente los conocieran a fondo. Estos indicios muestran que hay un problema de baja autoestima y como estos pensamientos de sí mismos al juntarse con su carácter acondicionan día a día su pobre futuro.

¿Cómo se inicia este concepto que ataca la mente y los sentimientos de la persona?

- **Por el desarrollo de su infancia en un ambiente inseguro-** No todos tienen el privilegio de nacer en una familia con sanos conceptos bajo el temor de Dios y con instrucciones bíblicas. Hoy familias enteras sufren de desgarro emocional; falta de responsabilidad paternal, rechazo, falta de recursos para salir adelante y proveer a sus hijos un mejor ambiente escolar, padres divorciados y muchos más elementos que afectan en su totalidad al ser humano.

- **Hablar palabras negativas-** El niño capta cuando no le dan atención ni amor, cuando se le rechaza y no se le valora. Parte de la sociedad no tiene tiempo de atender a los hijos; por tal razón la infancia crece con carencia de valores espirituales.

- **Mala autoimagen -** Personas inseguras que no se aceptan a sí mismas; ya sea por su apariencia física, su color de piel, sus rasgos genéticos, o cualquier circunstancia que genera en ellos descontento y frustración, por no ser como a ellos les hubiera gustado. El no aceptarse a sí mismo, muchas veces puede ocasionar traumas en la persona si de niño fue víctima de burlas y aislamiento; si estos problemas no se resuelven a tiempo, algunas veces, pueden llegar a odiarse a sí mismos.

DEFINITIVAMENTE LA IDENTIDAD LA DA UN PADRE

La ausencia del amor y el modelo paternal, o la falta de responsabilidad que el padre mantuvo con sus hijos, puede marcar una huella profunda y dolorosa en el ser humano. Lamentablemente el llamarse cristiano, no le da la garantía de tener una relación y de haber conocido al Padre celestial. Jesucristo lo reveló cuando vino en carne y sangre, El habló abiertamente del Padre. Es bien importante tener un conocimiento de Dios y como acercarnos a El para ser aceptados. Definitivamente el padre celestial nos da la identidad perdida. Tu puedes acercarte a El sin temor presentándote delante de su trono por fe con la sangre de Cristo delante de ti; El Padre es un Dios amoroso, Padre de toda la creación, amante de sus hijos, compasivo y misericordioso. ¡Pídele al Espíritu Santo que te revele al Padre.

INDICIOS DE UNA PERSONA QUE SUFRE DE BAJA AUTOESTIMA

Es importante que conozcas estos indicios porque aunque no sufras de esto algún familiar o amigo, necesitará de tu ayuda alguna vez.

- Sufre de depresión.
- Siempre se evalúa a si mismo negativamente.
- Tiene miedo de entablar amistades.
- No le gusta que le digan que le aman.

¿CÓMO PIENSA ALGUIEN QUE SUFRE DE BAJA AUTOESTIMA?

Una persona con baja valoración de sí misma lo más probable es que piense: *"Debo ser tonta, no lo voy a conseguir nunca, no valgo nada ni para estudiar o graduarme"*, *"a nadie le importa de cómo me siento"*.

SIGNOS TÍPICOS

Cuando una persona sufre baja autoestima, se puede esconder detrás de unos lentes oscuros, o se tapa constantemente la cara con el pelo; puede llegar a tatuarse exageradamente o usar atuendos extremos para llamar la atención. Muchos cambian drásticamente su vestuario por algo que les de la personalidad que no tienen, y pueden implementar la moda gótica, hippie, o mística para sentir que son parte de algo y aislar así a los demás. Usan su vestuario como excusa, pero son ellos los que rechazan a los demás.

Estos comportamientos producen sentimientos de soledad y aislamiento. En el peor de los casos los puede llevar a la depresión.

¿CUÁLES SON LOS PELIGROS PARA CORREGIR DE LAS PERSONAS QUE SUFREN DE BAJA AUTOESTIMA?

1.   Aislamiento social.
2.   Ansiedad y desorden emocional.
3.   Falta de destrezas sociales y de confianza.
4.   Depresión y/o ataques de tristeza.
5.   Inconformidad social.
6.   Desórdenes alimenticios.
7.   Incapacidad para aceptar cumplidos.
8.   Incapacidad para ver con equidad (de ser justo contigo mismo).
9.   No pueden trabajar en equipo. Se consideran menos que los demás.
10.   No aceptan retos.
11.   Acentuación de lo negativo.
12.   Preocupación exacerbada sobre lo que otra gente pudiera pensar de ellos.
13.   Auto-abandono.
14.   Se tratan mal así mismos, pero no a otras personas.
15.   Renuncian a participar en desafíos.
16.   Sentimiento de desesperanza en cuanto a lo que la vida les depara.

AUTO-LIBERÁNDOME DE MI QUEJA

Cuando entiendo que mi batalla esta continuamente en mi mente y que la queja la uso para auto justificar el bajo concepto de mí mismo, recurro a cambiar de *"forma de pensar" y de "forma de hablar".* Para pensar mejor tendré que saber como Dios piensa acerca de mi.

a)   *Porque yo sé los pensamientos que tengo acerca de vosotros, dice Jehová, pensamientos de paz, y no de mal, para daros el fin que esperáis.* **Jeremías 29:11**.

Dios quiere quitar todo el dolor del pasado para para sustituirlo por Su Salvación, liberación y gozo. Sus pensamientos son las acciones por las cuales El se va a manifestar en tu vida.

b)   *el que comenzó en vosotros la buena obra, la perfeccionará hasta el día de Jesucristo.* **Filipenses 1:6.** El Espíritu Santo es el que te conoce y procura   hacer la buena obra en tu vida. Quitar lo que te oprime y reemplazarlo por Su presencia que trae gozo es fundamental. Es un trato personal que Él quiere tener contigo, y a ti te corresponde dejarle obrar.

c) El nos hizo, y no nosotros a nosotros mismos; Pueblo suyo somos, y ovejas de su prado. Salmo 100:3 Él te creo y te hizo a Su imagen y Semejanza; Él te ve como una oveja de su redil, que la cuida, la alimenta y le da reposo y bienestar. Jesús te ama porque El es como el buen pastor que dio su vida por las ovejas. Si Jesús te ama tal como eres ¿No querrás devolverle lo que hace por ti con gratitud y amor?

¿Cómo Puede una Persona Salir de la Baja Autoestima?

El requisito para mejorar la autoestima es **dejar de auto criticarse**. Cada vez que se piensa mal de si mismo, se está maltratando duramente. Es importante que identifique sus propia opinión cambiando de mente; tal como:

- *"Creo que seré inútil, pero me esforzare a estudiar lo que me gusta y empezare con metas cortas".*
- *"Me considero no atractiva",* pero me mirare tal como Dios me ve.
- *"Nadie me considera",* pero Jesús ha fijado en mi sus ojos. El primer mandamiento importante es: "Amarás al Señor tu Dios con todo tu corazón y a tu prójimo como a ti mismo". Debes amarte así como te hizo Dios.
- *"No me importa lo que los demás piensan de mi, solo pensare lo que Dios dice de mi".*
- *"No me culpare más a mí misma por lo que me paso".* Sino que ayudare a otros a salir de los problemas!

Indiscutiblemente si se busca diariamente la presencia de Dios ella quitara todo peso de culpabilidad y rencor hacia los que te lastimaron. Resiste los pensamientos negativos que bombardean tu mente continuamente.

Eso se logrará recibiendo la ministración del Espíritu Santo en tu vida, así como el leer la Palabra de Dios. Todos debemos de ganar la batalla en nuestras mentes; pero los que han sido golpeados duramente en esa área, tienen que esforzarse y disciplinarse en leer y creer las promesas de Dios para sus vidas. Jesús tiene aceite, mirra y vendas especiales para sus corazones. El es el buen Samaritano que cura todas las heridas emocionales y te dice: "Yo Soy Tu Padre, Soy Tu Dios que te ama".

LECCIÓN 9
LA VOLUNTAD HUMANA

...Porque he descendido del cielo, no para hacer mi voluntad, sino la voluntad del que me envió. **Juan 6:38**

El problema número uno del porque las personas no entienden la mente de Dios, es por la falta de sometimiento a Él; no creen que lo que esta escrito en la Biblia fue hecho para nuestro bien y para que lo apliquemos en absoluta obediencia.

> Podemos explicarlo de la siguiente manera: Hacer lo que yo deseo **sin sometimiento de ninguna clase a la Palabra de Dios que es "su voluntad divina", me convierte en un hijo desobediente.**

No puedo yo hacer nada por mí mismo; ... porque no busco mi voluntad, sino la voluntad del que me envió, la del Padre. **Juan 5:30**

Alguien puede comentar: ¿acaso Dios no le dio al hombre el libre albedrío? ¿Yo no puedo disfrutar el hacer mi propia voluntad?

La respuesta es sí, estás en lo correcto. Pero... hay un secreto poderoso que trae éxito a nuestra vida, y es el **entregar voluntariamente la voluntad a Dios; (como rendición y reconocimiento de sujeción). Tenemos que reconocer al Dios** creador que nos dio la vida y más aún a Jesús quien nos da la salvación eterna.

¿Cómo aprendemos a rendir nuestra voluntad de Dios?

- Primeramente tenemos que amarlo; el verdadero amor produce rendición.
- También reconocer que sus mandamientos son buenos para nosotros.
- Obedecer sin razonar o poner escusas, sabiendo que Dios es un buen Padre y quiere lo mejor para sus hijos.

1.- LA VOLUNTAD DE DIOS

Respecto a Su Decreto o a Su Soberanía

No os conforméis a este siglo, sino transformaos por medio de la renovación de vuestro entendimiento, para que comprobéis cuál sea la buena voluntad de Dios, agradable y perfecta. Romanos 12:2.

La voluntad de Dios siempre es buena, agradable y perfecta. Ella esta relacionada al buen obrar.

Todo lo que Dios hizo es bueno, (mirando la creación se comprueba que todo fue hecho con orden, belleza y perfección). El es la verdadera justicia, la verdad absoluta.

La voluntad de Dios es Su gobierno soberano de todo lo que ocurre.

Veamos varios ejemplos en la Palabra:

- Mateo 10:29: "¿No se venden dos pajarillos por un cuarto? Y sin embargo, ni uno de ellos caerá a tierra sin permitirlo vuestro Padre"
- Proverbios 16:33: "La suerte se echa en el regazo, mas del Señor viene toda decisión"
- Proverbios 16:1: "Del hombre son los propósitos del corazón, mas del Señor es la respuesta de la lengua".

Aquí tenemos el primer significado de la voluntad de Dios: **Es el poder soberano sobre toda Su creación. Diremos que esta definición identifica Su *voluntad soberana* o Su *voluntad decretada*. Esta voluntad no puede ser quebrantada; siempre se cumple.**

El actúa conforme a Su voluntad en el ejército del cielo y entre los habitantes de la tierra; nadie puede detener Su mano, ni decirle: "¿Qué has hecho?" (Daniel 4:35).

El no reconocer la autoridad totalitaria de Dios pone en peligro la simpleza del hombre.

Si el ser humano vive en desobediencia, su gobernador es el príncipe de la potestad del aire. O hacemos la voluntad de Dios o hacemos la voluntad del enemigo.

---

*"...en los cuales anduvisteis en otro tiempo, siguiendo la corriente **de** este mundo, conforme al príncipe **de** la potestad del aire, el espíritu que ahora opera en los **hijos de desobediencia"** Efesios 2:2*

Si no reconocemos la soberanía de Dios en toda la creación, nuestro ser interior no respetara su ley. La ira de Dios viene sobre todos los hijos desobedientes.

---

*"cosas por las cuales la ira **de** Dios viene sobre los **hijos de desobediencia".** Colosenses 3:6*

La rebelión es lo opuesto a la voluntad de Dios. Dios le dio al ser humano, la oportunidad de escoger. La palabra Dios es /Elohim/ que significa: pluralidad y unión, de mente y decisión.

El hombre no sabe encaminar bien su voluntad; es inmaduro sin su creador. El corazón puede quedar en tinieblas y el entendimiento embotado por una mala decisión.

2.- CONOCIENDO LAS DOS VOLUNTADES

Analicemos dos voluntades; la de Dios y la de nosotros. Veamos que ejemplo nos dejó Moisés:

*Y dijo Moisés: En esto conoceréis que Jehová me ha enviado para que hiciese todas estas cosas, y que no las hice **de mi propia voluntad**. Números 16:28.*

Moisés como otros hombres de Dios, fue llamado para realizar una obra de liderazgo; esta consistía en dirigir al pueblo de Dios hasta su destino. Su éxito atestiguo en las decisiones que tomó. En ellas siempre consideró la voluntad de Dios como su guía. En el texto anterior vemos que él afirma, que no hizo las cosas en su propia voluntad. Entonces vemos dos voluntades:

1.   **La voluntad de Dios Padre.** Es la voluntad por excelencia por encima de la de todos. La perfecta y buena. Mientras Jesús se manifestó como "el Ángel de Dios", o como el Dios YO SOY - YHVH dentro de la existencia del Padre, antes de venir a la tierra; Su voluntad y la de DIOS-Padre eran una sola. Cuando se hizo carne tomando forma de hombre; adquirió la voluntad como hombre. Jesús podría decidir por sí mismo, pero siempre tomó la acción de obedecer al Padre en primer lugar.

2.   **La voluntad del hombre.** (El hombre tiene derecho a tener su propia voluntad, es decir, elegir su propio camino... *"Y vio Jehová que la maldad de los hombres era mucha en la tierra, y que todo designio de los pensamientos del corazón de ellos era de continuo solamente el mal. Y se arrepintió Jehová de haber hecho hombre en la tierra, y le dolió en su corazón. Génesis 6:5*

¿Qué es entonces la voluntad del hombre? En el diccionario se define como: Facultad de hacer o no hacer una cosa. Libre albedrío o determinación, en hebreo es [*lab*] que significa:

1) interior del hombre, **mente, voluntad,** corazón, **entendimiento.**
2) corazón, alma, (del hombre) (de carácter moral)
3) mente, conocimiento, **pensamiento, reflexión, memoria**

4) inclinación, resolución, determinación (de voluntad)
5) **conciencia**
6) como sede de los apetitos
7) como asiento de **las emociones** y pasiones

Lo contrario a la voluntad de Dios es "el capricho personal".

> *El capricho es inmadurez, niñería, necedad, marca de insensatez, simpleza.
>
> *El capricho del hombre, es hacer lo que uno mismo quiere.

3.- ¿Qué se Esconde Detrás de la Voluntad Humana?

- La rebelión; que fue concebida por el pecado original.
- Equivocación; que impide escoger bien, y siempre tender a equivocarse.
- Emociones; dejarse llevar por pasiones incorrectas tales como: enojo, rencor, ira, rabia, frustración.
- Falta de entendimiento; que produce ceguera espiritual y turba la verdadera visión y propósito de Dios.
- Testarudez; las personas obstinadas son difíciles de sobrellevar. No se dejan ayudar, no aceptan consejo.
- Confusión; desorientación, pronto salirse del verdadero camino el cual es la buena voluntad de Dios para su vida.

*Por tanto, no seáis insensatos, sino entendidos de cuál sea la **voluntad** del Señor.* Efesios 5:17

Ahora bien, a Dios le agrada como Padre que le obedezcamos dejando a un lado nuestras propias decisiones, para cambiarlas por las de El. Cristo nos mostró el correcto camino cuando fue a la cruz; el que quiera ser su discípulo, Jesús le dice: ¡toma tu cruz y sígueme!.

4.- Jesús Siempre Buscó Hacer la Voluntad del Padre

La voluntad de Dios Padre se une a la de Jesucristo. ¿Quién fue nuestro ejemplo? Cristo, su testimonio es ejemplo vivo para todos nosotros. Jesús dijo: *...aprended de mi... !sígueme!.*

Veamos la buena relación y comunicación que hubo siempre entre Jesús y su Padre:

*"... Entonces dije: He aquí que vengo, oh Dios, para hacer tu voluntad...Como en el rollo del libro está escrito de mí. Diciendo primero: Sacrificio...por el pecado no quisiste, ni te agradaron... y diciendo luego: He aquí que vengo, oh Dios, para hacer tu voluntad; **En esa voluntad somos santificados".** Hebreos 10:7-10.*

Jesús voluntariamente tomó el camino que su Padre escogió para Él.

JESÚS ES NUESTROS EJEMPLO EN OBEDIENCIA

- **Nos lo enseñó en la oración del Padre Nuestro**; *Venga tu reino se hecha tu voluntad como se hace en el cielo se haga en la tierra.*
- **Rendir Su propia voluntad:** *"...Porque he descendido del cielo, no para hacer mi voluntad, sino la voluntad del que me envió".* Juan 6:38
- **Dios escucha a los que quieren hacer su voluntad.** *"Y sabemos que Dios no oye a los pecadores; pero si alguno es temeroso de Dios, y hace su voluntad, a ése oye"* Juan 9:31

La influencia del mundo nos puede hacer ignorar la verdadera voluntad de Dios para nuestras vidas.

El ataque más bajo del enemigo en este tiempo, es atacar la mente del individuo.

- Primero, para que dude
- Segundo, para que crea más a las mentiras de pánico y terror que vienen como tormento para el alma; en vez de creer a la Palabra de Dios.

Queremos aconsejarte que cada día busques un texto de la Palabra y te lo aprendas de memoria, razónalo y aplícalo para tu vida personal. Así tu fe crecerá día a día.

Lleva cautivo todo pensamiento personal a la mente de Cristo, para que así puedas salir victorioso de toda ataque del enemigo. Nunca dudes de lo que está escrito, sino más bien ejercítate en la lectura y en crecimiento de la fe. Tu éxito estará en entregarle a Dios diariamente tu voluntad y hacer con fe la obra de Dios. El Señor te guarde siempre bajo su amor.

LECCIÓN 10
LAS REACCIONES Y EL RESENTIMIENTO

La respuesta a lo que una persona dice o hace, se llama "reacción".

Evidentemente que cuando alguien dice algo agradable acerca de ti y te sientes bien, eso te hace reaccionar en forma favorable; sentirse bien es una reacción. Si alguien dice algo acerca de ti que no es verdad, te enojas, y el enojarte es también una reacción, que no es correcta.

Tal vez nunca te has puesto a pensar en las muchas formas que reaccionas a diario en tu vida; sin embargo en realidad son de gran importancia. En este mensaje queremos que veas por qué son tan importantes y porque es necesario hablar de ellas. Es menester incluso tener cierto discernimiento que pueda ayudarte a reaccionar de la manera correcta.

¿POR QUÉ SON IMPORTANTES LAS REACCIONES?

La razón porque las reacciones son tan importantes es porque pueden tener consecuencias permanentes y aún eternas.

Lo que te sucede no es tan significativo como la forma en que reaccionas ante esa situación. Lo que te molesta pasará a su debido tiempo y más cuando lo entregas en las manos de Dios aprendiendo a descansar en El; pero las reacciones que tengas pueden tener consecuencias permanentes.

Un cristiano contó que cuando era adolescente, su padre le había tratado injustamente. Dijo:

"mi padre me pegó continuamente cuando no lo merecía. Por esta causa guardé resentimiento contra él durante treinta años. Al fin, Dios me dijo una noche: "O terminas con esto o Yo ya no sigo contigo. Así es que dejé a un lado mi resentimiento".

Esta historia ilustra una gran verdad:

Aunque el castigo puede haber sido injusto e inmerecido, el dolor físico que produjo no pudo haber durado mucho tiempo. Lo que duró fue la reacción de este hombre. Durante treinta años vivió sin el compañerismo de su padre, odiándolo y enemistado contra él. Durante treinta años Dios no pudo usar a este hombre plenamente. ¿Por qué? Porque su corazón estaba lleno de resentimiento, amargura, rencor y odio.

LAS REACCIONES CORRECTAS TIENEN CONSECUENCIAS ETERNAS PARA EL BIEN

La historia de José en el Antiguo Testamento enseña mucho acerca de las reacciones. José era el penúltimo de los doce hijos de Jacob. Era especialmente amado por su padre. Por esto sus hermanos estaban celosos y lo odiaban. Un día José les contó a sus hermanos un sueño que Dios le había dado. Él les dijo algo así: *"tuve un sueño en que Dios me mostró que un día gobernaré sobre ustedes y que ustedes se inclinarán ante mí"*. Esto hizo que ellos lo odiaran aún más.

Cuando se presentó la oportunidad, los hermanos de José lo vendieron como esclavo para Egipto. Allí, sin culpa alguna, fue acusado falsamente de intentar seducir a la esposa de su amo. José pasó muchos años en la cárcel por un crimen que no cometió. A pesar de todo esto, José no quedó ni amargado ni resentido. Con el tiempo, Dios exaltó a José. Bajo el reinado de Faraón, él llegó a ser el gobernante de todo Egipto. Por la sabiduría que Dios le dio, José acumuló grano durante los siete años de abundancia. Luego vino una gran hambre sobre toda la tierra. En esta época los hermanos de José llegaron a Egipto en busca de alimento para ellos y para sus familias. Se presentaron ante José, pero no lo reconocieron.

Como primer ministro de Egipto, José pudo haber usado su poder para vengarse de sus hermanos. Él pudo haber pensado: *"Por fin tengo a mis hermanos justo donde los quería ver. Les haré pagar por sus pecados. Les dejaré saber lo cierto que fue el sueño que tuve de ser exaltado sobre ellos. Les voy a demostrar que no pueden hacer lo que me hicieron y quedarse tan tranquilos"*.

Parece que esos pensamientos de venganza no pasaron por la mente de José. Él les dijo a sus hermanos:

No os entristezcáis, ni os pese de haberme vendido acá; porque para preservación de vida me envió Dios delante de vosotros. . . . Así, pues, no me enviasteis acá vosotros, sino Dios (Génesis 45:5, 8).

1. **José permitió que Dios controlara sus reacciones.**
2.-**Fue bondadoso y benévolo con sus hermanos.**
3.-**Se hizo cargo de ellos y de sus familias.**
4.-**Las reacciones de José fueron las correctas y tuvieron consecuencias eternas para bien.**

Muchas veces es posible enfrentarse con situaciones difíciles como las de José; seguramente vas a recibir más de algún maltrato. Viviendo en un mundo de seres humanos pecadores y rebeldes, no debe sorprenderte ningún trato injusto o malo que puedas recibir. Aunque un trato así te perturbe en el momento, no es necesario que tenga por eso un efecto duradero en ti. Lo que importan son las reacciones. Son ellas las que tienen un efecto perdurable tanto en tu vida como en las de los demás. Te invito a que observes algunas situaciones que por lo común te hacen reaccionar en una forma incorrecta y discierne como puedes tratarlas de una manera diferente. En cada caso, fíjate en como la persona involucrada podía **elegir** su propia reacción.

1. La Tosquedad o Descortesía.

A nadie le gusta ser tratado con rudeza o descortesía. La reacción común a un trato así, es responder de la misma manera. Esta clase de reacción le desagrada a Dios. La Biblia dice que los cristianos deben ser corteses.

2. El Trato Injusto.

Casi todo el mundo recibe en un momento u otro un trato injusto. Esto puede causar mucho dolor y angustia. El ser cristiano no significa que seas insensible a la forma en que te tratan. Pero, como creyentes, podemos **elegir** cuál será nuestra reacción.

3. El Orgullo Herido.

Cuando alguien dice algo de ti que hiere tu orgullo, puedes reaccionar con enojo y puedes llevar la herida y el resentimiento toda tu vida.

Cuánto mejor sería si pudieras decir de corazón: *"Fulano hirió mi orgullo con lo que dijo, pero no fue tan malo como pudo haber sido. Si me conociera como yo me conozco, él pudo haber dicho diez veces más de lo que dijo y tendría razón"*.

4. Las Ofensas.

Es fácil enojarse y reaccionar en una forma mala cuando otros te ofenden, pero recuerda que cosechas lo que siembras. Dios te tratará en la misma forma en que tratas a los demás. Si eres bondadoso y misericordioso con ellos, Dios será benigno y perdonador contigo. Si eres duro e inflexible con los demás, Dios será, estricto y exigente contigo. Jesús dijo:

Porque si perdonáis a los hombres sus ofensas, os perdonará

también a vosotros vuestro Padre celestial; más si no perdonáis a los hombres sus ofensas, tampoco vuestro Padre os perdonará vuestras ofensas (Mateo 6:14–15).

En una ocasión un general le dijo con mucho orgullo a Juan Wesley, el fundador de la Iglesia Metodista, *"¡Yo nunca perdono! "Entonces espero, Señor"*, dijo Wesley, *"que nunca peque tampoco".*

5. Los Insultos.

Cuando alguien nos habla en una manera tosca y enojada, se puede sentir el deseo de responder de igual forma. Esto sólo hace peor una situación ya mala por sí. Es mucho mejor si puedes controlarte y reaccionar con una respuesta suave. Qué sabio puedes llegar a ser si tienes reacciones correctas cuando alguien te ataca. La Biblia dice:

La blanda respuesta quita la ira; Mas la palabra áspera hace subir el furor (Proverbios 15:1).

6. Las Críticas.

La crítica es verdad o es falsa. Si es la verdad debes aprender de ella. Si es falsa, no debes dejar que te perturbe. Puedes tratar el asunto con el Señor, sabiendo que Él se hará cargo de ello. Si eres una persona sabia pensaría: *"Cuando tienes la razón, puedes darte el honor de reaccionar favorablemente. Cuando no la tienes, no puedes perder el honor por reaccionar desfavorable y negativamente.*

7. Los Errores.

Todo el mundo se equivoca en un momento u otro. A menudo se trata de excusarse o de echarle la culpa a otra persona por errores propios. Una reacción mala sumada a un error hace del asunto algo mucho peor. Por otra parte, si reconoces tu error y pides perdón correctamente, Dios puede usar aún tus errores para Su gloria.

CUIDADO CON SEGUIR CON LAS MALAS REACCIONES

El gran peligro de las reacciones malas está en continuarlas hasta que se transforman en problemas profundos. Cuando te aferras a reaccionar de una manera incorrecta, se transformara en un resentimiento, y si lo guardas, se convertirá en amargura. El resentimiento y la amargura pueden destruir espiritualmente tu vida y las relaciones correctas con los demás.

Algunas cosas que debes hacer para evitar que el resentimiento y la amargura se enraícen en tu vida:

• Pasa por alto las ofensas.

Los creyentes deben estar en comunión constante con Dios a través de la oración y de la lectura de Su Palabra. Cuando están en comunión con Dios, pueden pasar por alto muchas cosas que de otra manera les ofenderían.

La Biblia dice:

> *Mucha paz tienen los que aman tu ley, Y no hay para ellos tropiezo (Salmo 119:165).*

Cuando te contienes la ira y pasas por alto los insultos. La Biblia dice:

> *La cordura del hombre detiene su furor y su honra es pasar por alto la ofensa (Proverbios 19:11).*

• Aclara inmediatamente los malentendidos.

Uno de los trucos de Satanás es provocar malos entendidos entre los hijos de Dios. Inyecta una pizca de decepción y falsedad a una situación. El resultado es que a menudo la gente tiene algo en contra de otras personas de lo cual tal vez aquellas ni siquiera son culpables. La Biblia insiste en que cuando tengas algún malentendido con otro creyente, lo busques y arregles cuentas con él. Si los hijos de Dios obedecieran al Señor en esto, muchos problemas entre ellos se acabarían.

• Rechaza rápidamente las malas actitudes.

Puede ser que a veces no puedas controlar tu primera reacción en una determinada circunstancia, pero puedes evitar que una reacción mala se transforme en resentimiento. Puedes elegir rechazar una mala actitud.

La Palabra de Dios dice: *No se ponga el sol sobre vuestro enojo, ni deis lugar al diablo* (Efesios 4:26–27). Dios te está diciendo aquí que no debes retener malas actitudes.

• Ora por la otra persona.

Cada vez que sientas que estas guardando una actitud mala hacia alguien, debes empezar a orar por él. Aunque esta persona pueda haberte maltratado, ora por ella cada día. Y ora por ti mismo, que Dios te guarde del resentimiento. Jesús dijo:

Orad por los que os ultrajan y os persiguen (Mateo 5:44).

LAS REACCIONES DEBEN ESTAR BAJO EL CONTROL DE CRISTO

Las reacciones no se determinan por lo que te suceda exteriormente. Se establecen por aquel que está al control de tu ser interior. Si el YO está al control, reaccionaras de acuerdo con el YO; si es Cristo quien está al control, reaccionaras de acuerdo con tu carácter.

Como hijo de Dios no tienes la libertad de reaccionar como quisieras. Tus impulsos deben estar bajo el control de Cristo. Dios ha dado a los cristianos mandamientos específicos de cómo reaccionar. La Palabra de Dios dice:

> *Mirad que ninguno pague a otro mal por mal; antes seguid siempre lo bueno... (1 Tesalonicenses 5:15).*

Debemos asegurarnos de no pagar a otra persona "mal por mal". Esto significa que no debes tratar de vengarte de la gente, sino sufrir los malos tratos pacientemente. Jesucristo mismo es tu ejemplo. La Biblia dice:

> *. . . También Cristo padeció por nosotros, dejándonos ejemplo, para que sigáis sus pisadas . . . quien cuando le maldecían, no respondía con maldición; cuando padecía, no amenazaba, sino encomendaba la causa al que juzga justamente (1 Pedro 2:21, 23).*

LAS REACCIONES TIENEN CONSECUENCIAS ETERNAS

La sustancia eterna de algo nunca está en ello mismo, sino en la calidad de la reacción hacia ello. Si en los tiempos difíciles te alejas del resentimiento, guardas silencio, y te llenas de dulzura interior, eso es lo que importa. El suceso que te molestaba se irá de tu memoria como un viento que pasa y se va. Pero lo que eres mientras el viento sopla tiene consecuencias eternas. Importa poco lo que suceda. Lo que realmente tiene importancia es la forma en que **reaccionas** a lo que te pasa. ¡Qué el Señor te ayude a entender que tus reacciones tienen consecuencias eternas!

Simplemente abstenerse de alimentos solidos. Ayunar es no comer.

En la Biblia se nombra muchas veces el ayuno acompañado con la oración, ruego y clamor. Es una búsqueda profunda y estrecha delante de Dios. Si bien el pueblo Israelita lo usaba como reglamento. Jesús mismo exhortó a no usarlo como norma simplemente sino como búsqueda esencial para quebrantar lo humano y exaltar a Dios en nuestro ser

> El poder del ayuno consiste en la oración, y en el quebrantamiento del alma. El pasar horas buscando su rostro hasta alcanzar la respuesta de Dios

¿PARA QUÉ ES BUENO EL AYUNO?

Ayunar significa afligir el alma, doblegar la carne (del viejo hombre) bajar la altivez personal por medio de abstenerse de alimentos.

La naturaleza caía que esta dentro de cada ser humano es enemiga y se levanta siempre contra el trabajo del Espíritu.

El ayuno fortalece el *"espíritu del hombre"* que busca la voluntad de Dios y *"debilita"* las obras de la carne.

> El ayuno es una disciplina que nos ayuda a doblegar los deseos naturales del alma

Doblegar o humillar nuestra propia humanidad pecadora es el primer y más grande de los propósitos de Dios cuando nos lleva a un tiempo de ayuno. La palabra "mortificar" significa matar, destruir, castigar, humillar, controlar. Dios nos guía a ayunar porque sabe que esta es la forma de humillar la carne y traerla bajo el control del hombre espiritual.

Hay espíritus y actitudes en nosotros que no pueden salir de otra manera, el ayuno tiene tremendo poder de someter voluntariamente nuestro *"viejo hombre"* y rompe sus concupiscencias.

Tenemos que ayunar si queremos alcanzar la madurez espiritual en Jesucristo, y tener la capacidad de ayudar a otros

EL AYUNO PERSONAL

1- El ayuno personal es para **recibir respuesta** de Dios a una pregunta sin responder.
2- El ayuno personal es para **romper impedimentos o opresiones** que están impidiendo que las puertas se abran cuando ha surgido un problema imprevisto como problemas económicos.
3- Sanar a los enfermos y para ministrar liberación.

Jesús dijo refiriéndose a un enfermo mental que había sanado: *Este género no sale sino es con ayuno y oración...Marcos 9.29*

Jesús Nos Dio el Mejor Ejemplo Acerca del Ayuno

Jesús durante su ministerio en la tierra nos dio el ejemplo de orar al Padre para toda decisión que tenia que tomar. Antes de escoger a lo doce discípulos y comenzar su ministerio, se retiro a un lugar bien desértico, y allí estuvo cuarenta días ayunando y buscando la guía de Dios. Como hombre quebró su alma delante de su Padre. Aunque Satanás lo quiso tentar, El salió victorioso de todo ataque..

EL REY DAVID AYUNÓ

Entonces David rogó a Dios por el niño; y ayunó David, y entró, y pasó la noche acostado en tierra. 2 Samuel 12:16

Resultado el ayuno no es para recibir un capricho personal, sino para que se haga la voluntad de Dios. El ayuno es para recibir la respuesta correcta de Dios para nuestras vidas. David la recibió.

Pero yo, cuando ellos enfermaron, me vestí de cilicio; Afligí con ayuno mi alma, Y mi oración se volvía a mi seno. Salmo 35:13

Lloré afligiendo con ayuno mi alma... Salmo 69:10

EL PROPÓSITO DEL AYUNO

La verdad a cerca del propósito de Dios para que ayunemos, lo encontramos en la voz del profeta **Isaías** en el capítulo **54**.

¿Es tal el ayuno que yo escogí, que de día aflija el hombre su alma, que incline su cabeza como junco, y haga cama de cilicio y de ceniza?¿No es

más bien el ayuno que yo escogí,
- *desatar las ligaduras de impiedad,*
- *soltar las cargas de opresión,*
- *y dejar ir libres a los quebrantados,*
- *y que rompáis todo yugo?*

1. Romper la secuencia de maldiciones
2. Por los familiares inconversos
3. Cuando las puertas se cierran, en los ayunos Dios abre las correctas.

Desatar las ligaduras de impiedad y compartir el pan con el hambriento.

Las ligaduras de impiedad son las ataduras del propio egoísmo de la naturaleza humana caída. Las ligaduras con cadenas, cuerdas que ligan y atan el alma y la hacen esclava al placer del pecado; porque solo busca la propia satisfacción del yo.

Muchas hay olvido de las necesidades de los demás; para solo concentrarse en su propio interés.

Evidentemente **el compartir el pan** se refiere tanto al lado natural como en el espiritual. Jesús hablo de visito al que esta preso, dar ropa al desnudo y pan al hambriento. El ayuno rompe las ligaduras del corazón egoísta y se derrama en el corazón un amor por el prójimo. Esa es la verdadera religión dice Santiago. Si compartimos lo que tenemos con el necesitado seremos saciados. Lo mismo si compartes el pan del cielo que es la palabra e Dios al alma hambrienta.

Soltar las cargas es deshacer los nudos que aprietan el yugo de los que están quebrantados del alma y del cuerpo. La sanidad vienen cuando ayunamos, la salvación y el poder de liberar a los demás. Nuestra propio yugo, es una carga bastante pesada, pero tener que cargar con el espíritu de contención de otros, es casi más de lo que el alma puede soportar. Pero el ayuno no libera primero a nosotros para ayudar a otros.

Dejar ir libres a los quebrantados y cubrir a los desnudos. Jesús vino a buscar lo que se había perdido, Él trajo las buenas noticias de la salvación.

Debemos liberar al cautivo y dejarlo salir libre. Sin la presencia y la Gloria de Dios estamos desnudos, tenemos que vestirnos de amor y de su carácter. También cubrir al pobre es ayudar al pobre en su desnudez; obras aprobadas por Dios.

Sanar la heridas. El apóstol Juan escribió en su tercera epístola diciendo "*Amado, yo deseo que tú seas prosperado en todas cosas, y que tengas salud, así como tu alma está en prosperidad*" 3° Juan 1:2. La salud del cuerpo no es lo único que necesita sanidad. También debemos sanar la aflicción del corazón, sanar el espíritu, sanar los pensamientos y la debilidad de la mente. Quizás la mente enferma que hace imposible el pensar con claridad. Sanar la apatía , la pereza, todo aquello que son costumbres incorrectos delante de Dios.

El ayuno y a la búsqueda de un corazón integro nos abre los ojos espirituales para ver lo que antes no veíamos y nos da la libertad que Cristo nos dio en la cruz el calvario.

www.ingramcontent.com/pod-product-compliance
Lightning Source LLC
LaVergne TN
LVHW081349060426
835508LV00017B/1491